# LA COLLECTION

D1140211

# LA COLLECTION "REPÈRES"
*(suite)*

## Le travail et l'emploi face à la crise

*Le chômage*, Jacques Freyssinet (n° 22).
*Les coopératives de production*, Danièle Demoustier (n° 20).
*L'emploi en France*, Dominique Gambier et Michel Vernières (n° 68).
*L'ergonomie*, Maurice de Montmollin (n° 43).
*La formation professionnelle continue*, Claude Dubar (n° 28).
*Les nouvelles politiques sociales du patronat*, Pierre Morville (n° 30).
*La réduction de la durée du travail*, Gabriel Tahar (n° 34).
*Les retraites*, Edgard Andréani (n° 47).
*La santé et le travail*, Denis Duclos (n° 17).
*Le syndicalisme face à la crise*, René Mouriaux (n° 50).
*Travail et travailleurs au Chili*, Cecilia Casassus Montero (n° 26).
*Travail et travailleurs en Grande-Bretagne*, François Eyraud (n° 32).

## Les enjeux des nouvelles technologies

*Les biotechnologies*, Chantal Ducos, Pierre-Benoît Joly (n° 61).
*La bureautique*, Éric Verdier (n° 2).
*Les énergies nouvelles*, Philippe Barbet (n° 10).
*La guerre des étoiles*, Carlos de Sa Rêgo, F. Tonello (n° 40).
*Informatique et libertés*, Henri Delahaie, Félix Paoletti (n° 51).
*L'informatisation et l'emploi*, Olivier Pastré (n° 1).
*Le nucléaire*, Jean-Pierre Angelier (n° 6).
*La robotique*, Benjamin Coriat (n° 12).
*Les télécommunications*, Bruno Aurelle (n° 42).

## La France d'aujourd'hui

*Les associations*, Solange Passaris, Guy Raffi (n° 25).
*Les cheminots*, Georges Ribeill (n° 18).
*Le commerce extérieur de la France*, Françoise Milewski (n° 71).
*Le comportement électoral des Français*, Colette Ysmal (n° 41).
*La consommation des Français*, Nicolas Herpin et Daniel Verger (n° 67).
*La décentralisation*, Xavier Frège (n° 44).
*L'immigration*, Albano Cordeiro (n° 8).
*L'industrie automobile*, Géraldine de Bonnafos et *alii* (n° 11).
*Les jeunes*, Olivier Galland (n° 27).
*Les médecins*, Michel Arliaud (n° 59).
*La presse en France*, Yves Guillauma (n° 63).
*La protection sociale*, Numa Murard (n° 72).
*Les policiers*, Pierre Demonque (n° 13).
*La population française*, Jacques Vallin (n° 75).
*Les revenus en France*, Yves Chassard, Pierre Concialdi (n° 69).
*La science économique en France*, collectif (n° 74).
*La sociologie en France*, collectif (n° 64).
*La télévision*, Alain Le Diberder, Nathalie Coste-Cerdan (n° 49).
*Les travailleurs sociaux*, Jacques Ion, Jean-Paul Tricart (n° 23).

---

*La collection* Repères *est animée par Jean-Paul Piriou, avec la collaboration de Marcel Drach, Annick Guilloux, Hervé Hamon et Michel Wieviorka.*

Denis Auvers

# L'ÉCONOMIE MONDIALE

## MONDIALE

*nouvelle édition*

Éditions La Découverte
1, place Paul-Painlevé, Paris Vᵉ
1989

Si vous désirez être tenu régulièrement informé de nos parutions, il vous suffit d'envoyer vos nom et adresse aux Éditions La Découverte, 1, place Paul-Painlevé, 75005 Paris. Vous recevrez gratuitement notre bulletin trimestriel **A La Découverte.**

# Introduction

Ce livre est une synthèse des deux rapports publiés par le Centre d'études prospectives et d'informations internationales (CEPII) : *La Montée des tensions* et *La Fracture*. Il a pour objet de mettre à la portée du plus grand nombre les informations clés qui permettent de porter un jugement sur la place de la France et des autres économies industrialisées dans l'économie mondiale. Le deuxième objectif de ce texte est d'aider à la compréhension de l'actualité économique internationale à partir d'une analyse des principaux événements des quinze dernières années.

La France est la cinquième nation commerçante du monde derrière les États-Unis, la République fédérale d'Allemagne, le Japon et le Royaume-Uni. En 1985, nos importations se sont élevées à 107,1 millards de dollars et nos exportations à 97 milliards de dollars.

Cette même année, les échanges mondiaux de marchandises et de services ont atteint 2 858 milliards de dollars. Les grands pays industrialisés ont assuré 68 % de ces échanges.

Si l'on s'intéresse à la nature des biens échangés, on relève que les invisibles (services, paiement d'intérêts, transferts financiers...) représentent à eux seuls 32 % du commerce mondial. Le pétrole représente 16 % des échanges.

Le saviez-vous ? Ce sont quelques-unes des réalités de l'économie mondiale qui sont les repères obligés de la pensée.

On trouvera dans la suite de ce texte de nombreux tableaux qui resituent l'évolution qu'a connue l'économie mondiale au cours des vingt dernières années.

Mais l'économie mondiale c'est aussi l'histoire d'une crise internationale que nous subissons encore puisque la croissance de l'économie mondiale reste faible.

Contrairement à une idée encore aujourd'hui largement répandue, et que le CEPII a contribué à combattre, la crise ne date pas de ce que l'on a appelé le premier choc pétrolier. Ses prémices apparaissent dès la fin des années soixante aux États-Unis où le ralentissement de la croissance se combine avec un ralentissement de la productivité pour entraîner une baisse de la rentabilité du secteur manufacturier.

Le premier choc pétrolier, s'il n'est pas responsable de la crise, ne peut toutefois pas être considéré comme un épiphénomène. Il provoqua des déséquilibres qu'il fallut surmonter : l'endettement se généralisa et certains pays d'Amérique latine ploient aujourd'hui sous le poids de leur dette. Avant de trop vite juger les gouvernements qui se sont exagérément endettés, avant de les condamner pour leur irresponsabilité, il faut analyser la fonction de la dette.

Le second choc pétrolier qui survint en 1979 cassa la reprise économique qui s'esquissait alors et eut un effet négatif pour l'OPEP puisqu'il conduisit à un rééquilibrage des rapports de force internationaux. En 1986, l'organisation pétrolière n'est plus maître des prix du pétrole, elle est menacée d'éclatement. De nombreux commentateurs parlent d'un juste retour des choses, d'un triomphe des lois du marché. Pourtant Marcel Boiteux, président d'EDF, n'hésite pas à déclarer à la treizième Conférence mondiale de l'énergie que si rien n'est fait pour contrecarrer les tendances actuelles, « si on ralentit l'exploration, si on diminue les économies d'énergie, on va allégrement vers un troisième choc pétrolier ».

Le retournement de la politique économique du Japon, qui survient à l'automne 1986, nous fournit un dernier exemple qui illustre notre propos. Hier, ce pays avait une croissance économique dopée par les exportations. Aujourd'hui, il est dans l'obligation de décider un plan de relance économique interne afin de contrecarrer les effets négatifs de la montée du yen. L'histoire récente du développement industriel du Japon, que nous présentons dans ce livre, permet de comprendre comment nous en sommes arrivés là. De par la structure de son économie, le Japon est probablement, de tous les pays développés celui qui souffre le plus du ralentissement de l'économie mondiale.

Trois parties composent ce livre. La première — des économies interdépendantes — décrit les structures de l'économie mondiale. Il présente en détail les forces et les faiblesses de chacune des nations industrialisées dans la compétition internationale.

La deuxième — le jeu des rapports de force — présente la dynamique de l'économie mondiale à travers l'analyse de deux des sous-systèmes qui la constituent : le système énergétique et le système monétaire.

La troisième partie — des politiques économiques contraintes — fait le point sur l'inflation et les finances publiques.

# Première partie

## Des économies interdépendantes

# I / Une mutation des modes de croissance

Alors que commence la seconde partie des années quatre-vingt, l'Europe vit à l'heure du chômage massif tandis qu'aux États-Unis la situation de l'emploi s'améliore. En France, des chefs d'entreprise expérimentent de nouvelles relations de travail qui visent à accroître la productivité et la satisfaction des travailleurs. Certaines de ces méthodes, les cercles de qualité notamment, ont d'abord été expérimentées au Japon, et nombreux sont ceux qui pensent qu'elles sont le principal facteur explicatif des succès de ce pays. Pour d'autres, c'est le progrès technique qui doit être mis en cause, et l'on mentionnera alors le fort degré d'automatisation des usines japonaises. On parlera du retard de l'Europe, menacée de toutes parts et condamnée par son retard technologique.

Il faut se garder du déterminisme qui condamne trop vite l'Europe au déclin parce qu'elle a été la première à développer son industrie. Comme nous le verrons, elle dispose encore d'une industrie puissante dans certains secteurs et elle subit, tout comme les autres nations, la crise industrielle.

### 1. Les révolutions industrielles

Au XIXᵉ siècle, les industries du charbon, de la machine à vapeur, du chemin de fer et du textile sont le moteur de la première révolution industrielle. Celle-ci prend naissance et se développe en Grande-Bretagne. Les États-Unis affirment ensuite leur domination en développant sur une large échelle les industries du pétrole, de l'électromécanique, de l'automobile et de la chimie qui sont le cœur de la deuxième révolution industrielle. Dans la troisième révolution industrielle qui se dessine pour les prochaines décennies, c'est l'électronique qui tient la place centrale et son développement remettra en cause les manières de produire et de consommer.

*Comment la Grande-Bretagne, puis les États-Unis sont-ils devenus les leaders de l'économie mondiale ?*

Le facteur technologique joue un rôle essentiel dans l'explication de la domination qu'un pays peut exercer sur les autres. Mais si l'on s'en tient à ce seul facteur explicatif, on ne comprend pas qu'une nation puisse perdre son rôle hégémonique. Si elle est la première à maîtriser les industries qui lui assurent une position prédominante, elle bénéficie d'un savoir-faire dont ne disposent pas les autres qui, selon ce modèle simpliste, ne peuvent que copier leur développement sur la nation en position hégémonique et s'adapter avec retard aux nouvelles conditions de la concurrence.

L'avance technologique aurait une autre conséquence particulièrement favorable : la nation détentrice des nouvelles industries, plus efficaces et donc plus économiques, aurait nécessairement la maîtrise des échanges internationaux puisqu'elle serait la seule productrice des biens les plus rares et les plus demandés. Les profits réalisés alors devraient lui permettre de financer la recherche et de maintenir sa suprématie.

En fait, un tel modèle oublie deux variables qui font que le cours des choses n'est jamais aussi linéaire. Il faut en effet tenir compte de la monnaie puisque seule une part négligeable du commerce international s'effectue sur la base du troc.

Par ailleurs, l'économie d'une nation est un système complexe évoluant au gré des arbitrages que réalisent les différents agents qui le constituent : l'État, les ménages et les entreprises. L'évolution du rapport de force qui lie ces acteurs se révèle déterminante et la position de force prise par l'un d'eux peut pénaliser le développement de l'ensemble de la nation. Ainsi, le premier choc pétrolier a peu affecté les ressources des ménages français en comparaison du dommage qu'il a causé à l'industrie. Pour de nombreux auteurs, la France a pris à cette occasion quelques années de retard.

Si nous prenons ces facteurs en compte, le progrès technique n'apparaît plus comme un phénomène linéaire ; nous faisons apparaître des époques historiques, des seuils, qui nous autorisent à parler de mutations de l'ensemble économique mondial. Le concept de révolution industrielle ne décrit plus alors le seul changement technique, il englobe aussi la description des rapports sociaux. Deux mécanismes peuvent alors expliquer la nécessaire hiérarchisation de l'ensemble mondial, l'existence d'ensembles « dominés » et d'ensembles « dominants ».

• La suprématie d'une économie dominante passe tout d'abord par une surévaluation de sa monnaie qui devient la clé du système monétaire international. Ce fut le cas de la livre anglaise, c'était encore, jusqu'en 1984 au moins, le cas du dollar. Cette surévaluation autorisée initialement par une avance technologique devient un handicap pour le pays qui en bénéficie lorsque des concurrents commencent à apparaître, car elle pénalise son développement intérieur. On paiera en effet plus cher ce qui vient de l'étranger et les entreprises iront rechercher à l'extérieur des profits à court terme.

C'est ainsi que la chute du dollar à la fin des années soixante-dix a sanctionné le déclin des États-Unis, tout en faisant surgir une alternative douloureuse pour l'économie mondiale. Le redressement américain impliquait en effet le maintien d'un dollar faible. Or, dans le même temps, un dollar durablement fort était nécessaire à la stabilité du système monétaire international.

• Les mutations technologiques à l'œuvre pendant une révolution industrielle ne prennent leur essor que lorsqu'une cohérence a été trouvée entre les modes de production (terme par lequel on désigne le système qui lie ceux qui travaillent et ceux qui les font travailler — qui décrit donc autant l'état des techniques et des connaissances que les rapports de pouvoir qui assurent la cohérence du système), les modes de consommation, les modes de répartition des revenus et d'intervention étatique.

A la suite de la grande crise des années trente, l'économie américaine avait su la première trouver une telle cohérence, en combinant le taylorisme (accentuation de la division du travail et étude systématique des méthodes afin d'augmenter la productivité), le fordisme (généralisation de la production de masse et apparition de salaires plus élevés qui permettent d'écouler cette production) et le keynésianisme (théorie économique qui pose le principe d'une intervention jugée positive et souhaitée de l'État pour soutenir l'activité économique). Cette cohérence d'ensemble implique de profondes transformations sociales et ne peut être acquise qu'après une période d'incertitude où les erreurs de prévision créent des distorsions structurelles entre l'offre et la demande, des crises, génératrices d'instabilité.

Si l'avance scientifique et technique est une condition nécessaire pour qu'une nation devienne le leader de l'économie mondiale, cette avance ne saurait être une condition suffisante. Depuis le déclenchement de la crise, seul le Japon a commencé à explorer les voies de la troisième révolution industrielle, mais il n'a ni le poids ni l'autonomie suffisante pour dominer à lui seul l'économie mondiale.

## 2. L'avance du Japon

Pour caractériser la crise que nous traversons et qui semble épargner le Japon, examinons la situation de trois industries, symboles de chacune des révolutions industrielles : la sidérurgie, l'automobile et l'électronique. Nous mettrons en évidence une première série de faits. Le mouvement d'internationalisation n'a pas conduit à l'homogénéisation des structures productives. Si la concurrence s'établit désormais au niveau mondial, le dynamisme économique provient souvent d'alliances entre firmes et l'industrie automobile ne peut plus ignorer cette stratégie.

Nous évaluerons ensuite la situation des principaux partenaires de l'économie mondiale. Nous mettrons ainsi en évidence une seconde série de faits : l'industrie japonaise apparaît comme la seule qui soit véritablement dynamique. Pourtant, l'économie japonaise n'a pas encore surclassé les États-Unis.

*Tous les pays restructurent leur activité sidérurgique*

• *La production sidérurgique*. La sidérurgie assura le développement des nations industrielles. Elle est en effet à l'origine des gains de productivité qui ont été réalisés dans l'agriculture. Elle permit la mécanisation et a ouvert la voie à l'industrialisation. Enfin, et surtout, elle créa les emplois dans l'industrie sans lesquels la modernisation du secteur agricole n'aurait pu se réaliser. Qu'en est-il aujourd'hui de cette activité ?

On constate que la plupart des vieilles nations industrielles maintiennent une activité sidérurgique, mais elles n'arrivent pas à restructurer ou à rentabiliser les appareils de production. En 1983, l'Europe n'utilisait que 54 % de ses capacités de production et les États-Unis 60 %. Aucun pays producteur n'a pourtant développé le même modèle.

Les États-Unis disposent d'un vaste marché intérieur dont les producteurs nationaux occupent une part de 80 %, mais les groupes américains connaissent de nombreuses difficultés : les appareils de production sont vétustes, les niveaux des salaires très élevés et la concurrence extérieure des nouveaux pays industriels s'ajoute à la concurrence intérieure des mini-aciéries.

La République fédérale d'Allemagne est un pays qui présente la particularité de posséder une sidérurgie en grande partie privée, mais la baisse de la consommation d'acier en

Europe, la pénétration et la perte de contrôle du marché intérieur ainsi que les politiques de prix fixés ont engendré de graves problèmes de trésorerie freinant l'effort d'investissement et les possibilités de modernisation.

L'Italie est la deuxième puissance européenne en matière sidérurgique et 40 % du secteur sont tenus par des aciéries de très petite taille. Mais, là encore, il faut parler, tout comme pour la France, de réduction de la capacité de production.

La Grande-Bretagne a suivi une politique de restructuration. Les effectifs du secteur sont passés de 210 000 à 75 000 entre 1977 et 1982. On attend encore le renouveau.

En 1982, la Chine, le Brésil, la Corée du Sud et l'Inde se classaient parmi les treize premiers producteurs mondiaux, mais les pays du tiers monde, dans leur ensemble et du fait de la forte demande interne, devraient rester importateurs nets d'acier jusqu'à la fin de la décennie. L'émergence de certains d'entre eux accentuera les échanges Sud/Sud, mais représentera plus une perte de débouchés qu'une concurrence directe pour les sidérurgies des pays industrialisés.

Au total on ne voit pas s'esquisser dans ce secteur de division du travail entre les pays en développement qui fabriqueraient de l'acier brut et des produits peu élaborés et les pays industrialisés qui se spécialiseraient uniquement dans les produits d'acier à haute valeur ajoutée. Le plus probable est que, pour des raisons sociales et militaires, ces derniers maintiennent une activité sidérurgique importante et diversifiée.

Les sidérurgistes japonais, grâce à leur politique de modernisation et de montée en gamme des produits, n'ont pas connu les difficultés de leurs homologues occidentaux. Ils disposent d'une main-d'œuvre hautement qualifiée et de débouchés proches sur les marchés asiatiques — le commerce international obéit quand même à des règles de proximité géographique — même s'il faut aujourd'hui compter avec la concurrence de la Corée du Sud et de Taiwan. Dans la crise de ce marché, ce sont les seuls à avoir maintenu une bonne rentabilité.

## Automobile : en 1990, 50 % du marché mondial
*sera contrôlé par les Japonais*

• *L'automobile* était l'une des industries clés de la deuxième révolution industrielle. Ce marché ne devrait progresser que modérément au cours des prochaines années puisqu'une grande partie des achats seront des achats de renouvellement. Les vieilles nations industrielles avaient les moyens de s'adapter, de prévoir cette situation et de l'anticiper. Mais, là encore, on constate que la progression japonaise est fulgurante.

Le Japon, qui représentait 1,3 % du marché mondial en 1960, dépasse les 13 % en 1970 et satisfait en 1986 plus du quart de la demande mondiale. Cette percée s'est appuyée sur des coûts de production qui, à qualité égale, sont inférieurs à ceux des constructeurs américains et européens. A défaut d'inventer le produit, les Japonais ont inventé une manière rentable de produire et les gains de productivité qu'ils réalisent viennent d'une flexibilité plus grande de la production ainsi que d'une nette amélioration de la qualité. A la fin des années soixante-dix, par exemple, le changement de monte pour une presse à emboutir prenait vingt-quatre heures chez certains constructeurs européens ou américains alors qu'il fallait moins d'une demi-heure chez leurs homologues japonais.

L'Europe et les États-Unis ont réagi à cette offensive par des mesures défensives : accords d'autolimitation que les constructeurs européens ou américains ont imposés aux constructeurs japonais ; pressions sur les pays qui bénéficient des emplois créés par les filiales des constructeurs pour qu'ils limitent à leur tour les importations de produits japonais.

Le motif avancé pour justifier ces mesures est de permettre aux pays en position de faiblesse de gagner du temps pour pouvoir réaliser les ajustements nécessaires qui concernent tant les sureffectifs que les salaires ou la productivité. Mais il est à craindre que cette confortable position ne conduise pas aux résultats escomptés puisque, grâce à cette protection, il est possible d'augmenter les profits sans mener à terme le nécessaire effort de restructuration. Européens et Américains ont un atout : le Japon n'a jamais investi que pour conquérir des parts du marché mondial, la perspective d'un renforcement des mesures protectionnistes ne peut que l'inciter à retarder ses efforts vis-à-vis de cette industrie. Mais la concurrence d'après-demain risque de devenir particulièrement sévère. Le Japon a les moyens de franchir une nouvelle étape et de révolutionner encore une fois les manières de produire puisqu'il domine l'industrie de la robotique mondiale qui lui assure une parfaite maîtrise des processus de production. Il lui faudra cependant accepter une internationalisation de sa production qui lui permette de passer outre les barrières protectionnistes.

A l'horizon 1990, il n'est pas absurde d'envisager une croissance de près de 50 % de la part du marché mondial contrôlée par les firmes japonaises. Les alliances américano-japonaises augurent donc bien de l'avenir de cette industrie et cette stratégie se révèle intéressante pour les deux partenaires : Toyota apprenant à produire aux États-Unis, et General Motors apprenant le savoir-faire industriel et commercial de Toyota. On estime généralement qu'un million de petites voitures américano-japonaises (les constructeurs américains ont une meilleure maîtrise du marché des grosses cylindrées que de celui des petites) seront vendues sur le territoire américain en 1988.

### Électronique : l'industrie de la troisième révolution industrielle

• *L'électronique.* A la différence des industries traditionnelles comme la sidérurgie ou l'automobile dont les produits sont en général facilement identifiables et les usages relativement stables, les industries et les services liés aux différentes formes de traitement de l'information forment une galaxie d'activités sans cesse en expansion. Telle est l'environnement de la troisième révolution industrielle. Nous évoquons ici les matériels de télécommunications et de communications radio-TV, l'électronique grand public, les composants (semi-conducteurs et circuits intégrés) ainsi que l'informatique et le matériel de bureau.

Trois facteurs expliquent la place croissante prise par ces industries. D'une part, les applications du traitement automatique de l'information ont par nature une vocation aussi universelle que celle de l'énergie puisque l'électronique supplée la puissance intellectuelle par sa capacité à mémoriser, à traiter et à transporter les informations élémentaires. D'autre part, ces applications reposent sur une matière première, les circuits intégrés, dont le coût unitaire ne cesse de baisser en valeur absolue et dont l'efficacité et la fiabilité sont croissantes. Enfin, signalons qu'il y a une convergence des techniques et des méthodes utilisées tout au long de la filière électronique (informatique, mémoires magnétiques, télécommunications, télévision).

Les États-Unis et le Japon sont, la chose est connue, en position dominante, mais il n'est pas absurde d'envisager un partage à deux — sans l'Europe — du marché. Le Japon a pris un avantage en s'imposant comme fabricant de biens d'équipement pour la production des composants. A l'inverse, il ne maîtrise pas encore complètement la conception des microprocesseurs. Pour conserver à long terme une part du marché japonais, les firmes américaines ont choisi de venir fabriquer au Japon les microprocesseurs qu'ils ont mis au point. La complémentarité est très nette : le Japon serait le premier centre de production des composants à haute valeur ajoutée, tandis que les États-Unis maintiendraient leur avance dans le domaine de la conception. L'Europe hésite encore. Elle doit trancher entre le coût financier du rattrapage technologique et l'avantage technologique qu'elle peut en attendre. Le retard s'accroît.

En ce qui concerne l'informatique, on observe la même évolution. Le Japon réussit à capter des marchés de masse à rendements croissants qui lui assurent un chiffre d'affaires considérable sur les matériels à moindre valeur ajoutée tandis que les États-Unis maintiennent leur suprématie sur le haut de gamme.

De façon générale, la poursuite des tendances actuelles dans la filière électronique implique la domination des marchés mondiaux par les géants américains et japonais qui peuvent définir entre eux une certaine division du travail.

L'Europe a encore la possibilité d'être plus qu'une comparse à partir de quelques points forts comme l'électronique professionnelle, les services, les télécommunications et la recherche.

Mais, dans tous les secteurs, les rapports de force à l'échelle mondiale qui s'étaient établis dans le passé sont remis en cause. Tout en jouant un rôle central, la maîtrise technologique ne suffit pas à expliquer les écarts de compétitivité qui se sont creusés entre les entreprises. La capacité à gérer un appareil de production en transformation, c'est-à-dire la capacité à expérimenter et à mettre en place de nouveaux équipements plus productifs tout en mobilisant davantage les ressources humaines disponibles, est de plus en plus un facteur discriminant de la concurrence internationale.

De ce point de vue, le Japon a servi d'accélérateur et de révélateur. Avec un appareil de production relativement flexible, il a pu s'adapter au passage d'une économie dominée par l'offre à une économie où la demande joue un rôle décisif. Il a su tirer profit de la diversification croissante des marchés qui fragilise les processus de production orientés de façon trop rigide vers les économies d'échelle. Il est parvenu enfin à mettre en œuvre un mode de croissance plus économique en capital, grâce, comme nous le verrons au chapitre deux, à la rapidité avec laquelle il réoriente son industrie.

La dynamique industrielle des États-Unis est plus complexe. D'un côté, certains éléments donnent l'image d'une industrie qui a trouvé un nouveau souffle : la rentabilité retrouvée des entreprises, l'investissement soutenu, la domination dans les hautes technologies, les restructurations faites, les politiques d'alliance avec le Japon, dans l'automobile et l'électronique. De l'autre côté, les difficultés de secteurs comme la sidérurgie ou l'électronique grand public poussent à des mesures protectionnistes durables. La combinaison de ces deux facteurs conduit à envisager pour l'avenir soit une croissance soutenue tirée par les industries du premier groupe et qui s'étendrait à l'ensemble de l'activité économique, soit une croissance irrégulière.

Dans la plupart des cas, en Europe, les industries n'ont pas choisi la coopération au travers de la construction européenne, mais le repli national ou les alliances concurrentielles avec les firmes dominantes des États-Unis ou du Japon. Le retard dans les restructurations et la faible rentabilité des entreprises laissent craindre une aggravation du décalage par rapport à ces deux pays, voire le développement de protectionnismes purement défensifs qui ne seraient ni au service de l'unification du marché intérieur, ni destinés à attirer des investissements japonais ou américains pour bénéficier de transferts des technologies.

### 3. La crise est avant tout une crise industrielle

Les perturbations des relations monétaires, sensibles dès 1971 avec la suspension par les États-Unis de la libre convertibilité du dollar en or, ont contribué à la généralisation de la crise. Les modifications des conditions de l'approvisionnement énergétique ont elles aussi profondément affecté le rythme de la croissance. Nous écarterons provisoirement ces faits qui sont traités dans la deuxième partie pour retenir ici ce qui a donné sa structure à l'économie mondiale. C'est grâce à l'industrie que les nations les plus riches ont accru leur influence. Voyons quelle a été son évolution dans la période récente.

Nous traiterons successivement de l'évolution de la production, de la diminution de la rentabilité industrielle et de l'accroissement du chômage.

*1967-1971 : rupture de la croissance*
*de la production industrielle*

Entre 1960 et 1986, la production industrielle a beaucoup augmenté. On constate néanmoins un fléchissement certain du rythme d'évolution.

• Pendant les deux tiers des années soixante, les fluctuations de la production manufacturière mondiale

## Encart méthodologique

### Le découpage sectoriel
### des échanges internationaux

L'étude du commerce extérieur présente au moins un intérêt par rapport aux recherches conduites dans d'autres disciplines : on dispose de statistiques fiables. Cette remarque sous forme de boutade n'est pas innocente lorsque l'on sait que les statistiques italiennes ont très longtemps enregistré des volumes d'exportation supérieurs au volume de... la production. Pour certains types de biens — ceux qu'il est le plus facile de produire dans des ateliers clandestins — ou/et dans certains pays, il est difficile d'obtenir des statistiques dignes de confiance. Dans le cas du commerce extérieur, les estimations sont inutiles puisqu'on dispose d'un enregistrement par les douanes des flux réels.

Il faut toutefois s'entendre sur les regroupements auxquels on procède. La banque de données CHELEM créée par le CEPII met à la disposition de ses utilisateurs des statistiques internationales qui « découpent » le monde en 32 zones pour 72 catégories de produits. Il est ainsi possible d'obtenir des « séries » statistiques (portant sur plusieurs années) concernant, par exemple, les exportations « d'horlogerie » des « pays alpins » (Autriche, Suisse).

Traditionnellement, les invisibles sont découpés en sept postes : transport, voyages, services gouvernementaux, autres services, intérêts et dividendes, transferts publics, transferts privés.

Les marchandises sont la plupart du temps regroupées en 18 classes homogènes qui rassemblent :
— les produits énergétiques ; l'énergie primaire et secondaire ;
— les matières premières : minerais et produits agricoles ;
— le secteur manufacturier métallique : sidérurgie, métallurgie non ferreuse, articles métalliques, moteurs et machines mécaniques, matériel de précision, électronique, matériel électrique, matériel de transport ;
— le secteur manufacturier non métallique : matériaux

de construction, textile, bois-papier, chimie de base, chimie fine, produits alimentaires.

Il est ainsi possible de connaître précisément l'évolution de la production industrielle mondiale. En utilisant les banques de données, dont l'usage se diversifiera probablement dans l'enseignement, on peut avoir une évaluation précise de l'évolution de la demande de même qu'on peut savoir quels sont les secteurs les plus dynamiques. La fiabilité de ces données est bien entendu meilleure lorsqu'on dispose de séries statistiques sur longue période.

L'hypothèse d'un essoufflement de la seconde révolution industrielle apparaît nettement lorsque l'on mesure la croissance de la « branche » sidérurgie.

TABLEAU I. — CROISSANCE RELATIVE DES BRANCHES INDUSTRIELLES DES PAYS A ÉCONOMIE DE MARCHÉ*

| Écarts annuels en % par rapport à la moyenne manufacturière | 1938-1958 | 1958-1967 | 1967-1971 | 1971-1981 |
|---|---|---|---|---|
| G Chimie .................... | +2,1 | +2,4 | +3,1 | +1,1 |
| F Électromécanique .......... | +1,7 | +1,0 | +0,2 | +0,5 |
| K Industrie alimentaire ....... | −1,4 | −2,3 | −0,8 | +0,5 |
| B Matériaux de construction .. | +0,3 | −1,3 | +0,1 | −0,3 |
| E Bois - papier - divers....... | −0,6 | −0,8 | −0,8 | −1,0 |
| C Sidérurgie - Métallurgie .... | −0,1 | −0,5 | −0,9 | −1,3 |
| D Textiles, vêtements, cuirs ... | −2,4 | −2,8 | −1,7 | −1,6 |
| Taux de croissance annuel moyen de l'industrie manufacturière | 4,5 | 6,6 | 5,2 | 2,5 |

*Source :* Calcul CEPII à partir de données de l'ONU *(Bulletin mensuel de statistique et annuaires des statistiques industrielles).* Périodes délimitées par des années de basse conjoncture.

\* Tendance entre les années extrêmes pour la période 1938-1958, tendance moyenne entre la « ligne des pics » et la « ligne des creux » pour les autres périodes.

étaient de faible amplitude. La croissance était régulière, proche d'un taux de 6,6 %.

• La période charnière qui marque le changement du rythme de croissance se situe entre 1967 et 1971. Entre ces deux dates, le rythme de croissance est passé à 4,8 % par an, baissant ainsi de près de deux points par rapport à la période précédente.

• Depuis le début des années soixante-dix et jusqu'à présent, la tendance moyenne est de 2,5 %, ce qui constitue une baisse relative de plus de 60 % par rapport au taux de croissance des années d'expansion.

Or, l'industrie est le cœur de l'économie depuis bientôt deux siècles, c'est elle aussi qui donne son sens au progrès technique, c'est grâce à elle, enfin, qu'est améliorée la productivité du travail.

L'intensité des échanges internationaux a permis une rapide transmission du ralentissement du rythme de la production et les pays de l'Est comme les pays du Sud ont enregistré, avec un décalage dans le temps, ce même essoufflement.

En revanche, toutes les industries n'ont pas affronté avec la même rigueur cet affaiblissement de la demande mondiale. Ainsi la chimie — qui avait connu une forte croissance dans les années soixante (chimie organique, dérivés du pétrole...) voit la croissance de sa production s'effondrer (voir l'encadré), de même que chute le niveau de la demande pour certains produits métalliques (électroménager, automobile...). L'électronique, l'informatique ou les matériels de télécommunications dont les produits entrent pour une part de plus en plus grande dans les autres processus de production résistent mieux. Mais en une quinzaine d'années la demande mondiale se sera profondément affaiblie et aura été complètement modifiée.

Essayons maintenant de caractériser la crise industrielle de façon plus fine et examinons l'évolution de la valeur ajoutée. Pour cela il faut faire le rapport de la valeur ajoutée du secteur manufacturier sur la valeur ajoutée du secteur non manufacturier.

La diminution de la place de l'industrie dans les cinq économies occidentales se lit clairement dans la dégradation de l'importance relative de l'industrie.

GRAPHIQUE 1. — RAPPORT DE LA VALEUR AJOUTÉE MANUFACTURIÈRE A LA VALEUR AJOUTÉE NON MANUFACTURIÈRE

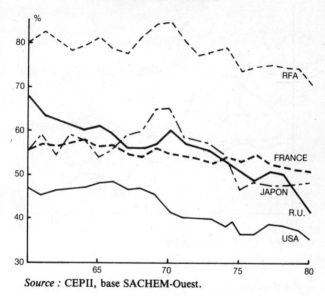

*Source :* CEPII, base SACHEM-Ouest.

Notons que cette désindustrialisation est un phénomène qui, s'il touche toutes les économies occidentales, les affecte toutefois à des degrés qui sont très différents et sans raport avec leur niveau d'industrialisation.

L'examen de la rentabilité industrielle conforte l'analyse précédente.

Pour mesurer l'évolution de la rentabilité industrielle, nous utilisons les comptabilités nationales et rapportons l'excédent brut d'exploitation de l'industrie manufacturière, c'est-à-dire

23

les profits que dégagent les entreprises au stock de capital fixe.

GRAPHIQUE 2. — TAUX DE RENTABILITÉ
DANS L'INDUSTRIE MANUFACTURIÈRE

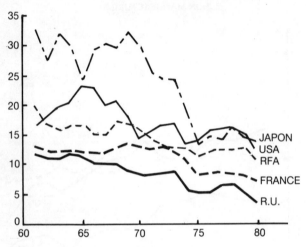

*Source :* CEPII, base SACHEM-Ouest.

La dégradation que l'on constate dans le graphique ci-dessus dépend de plusieurs facteurs. Le coût salarial qui était moins élevé dans le secteur manufacturier devient défavorable à l'évolution de ce secteur à partir de la fin des années soixante. D'autre part, la productivité du travail ralentit.

. Cette dernière évolution apparaît néanmoins davantage comme une conséquence que comme une cause de la crise.

Ce ralentissement va de pair avec le freinage de la croissance qui marque la transition entre la deuxième et la troisième révolution industrielle et il s'est accentué après le premier choc pétrolier. L'évolution des prix relatifs a, elle

TABLEAU II. — LA CRISE EN QUELQUES CHIFFRES

| Taux de croissance annuel moyen | PIB volume | | Prix PIB | | Productivité | | Emploi | | Investissement productif privé | | Taux de chômage | | |
|---|---|---|---|---|---|---|---|---|---|---|---|---|---|
| | 1960-1973 | 1973-1981 | 1960-1973 | 1973-1981 | 1960-1973 | 1973-1981 | 1960-1973 | 1973-1981 | 1960-1973 | 1973-1981 | 1967 | 1973 | 1981 |
| États-Unis | 4,1 | 2,3 | 3,4 | 7,9 | 2,1 | 0,2 | 2,0 | 2,1 | 4,6 | 1,6 | 3,7 | 4,7 | 7,5 |
| France | 5,6 | 2,5 | 4,9 | 10,8 | 4,7 | 2,4 | 0,9 | 0,1 | 7,6 | 1,2 | 1,9 | 2,6 | 7,6 |
| République fédérale d'Allemagne | 4,5 | 2,0 | 4,2 | 4,6 | 4,4 | 2,6 | 0,1 | -0,6 | 4,4 | 2,2 | 1,3 | 0,9 | 4,3 |
| Royaume-Uni | 3,1 | 0,5 | 5,1 | 15,8 | 2,8 | 1,2 | 0,3 | -0,7 | 4,5 | 1,7 | 3,2 | 3,2 | 4,3 |
| Japon | 9,9 | 3,6 | 5,8 | 6,6 | 8,6 | 2,9 | 1,3 | 0,7 | 14,1 | 2,0 | 1,3 | 1,3 | 2,2 |

Sources : OCDE ; CEPII, base SACHEM-Ouest.

aussi, une influence. (Le terme de prix relatif désigne les évolutions divergentes du prix des biens les uns par rapport aux autres.) Cette modification des prix engendre des transferts de valeur entre le secteur manufacturier et le reste de l'économie.

Cette baisse est d'autant plus inquiétante pour l'industrie que les économies se modernisent. Elle est l'un des signes les plus tangibles du caractère industriel de la crise — même si la rupture énergétique a aggravé ce phénomène — et, si la dégradation semble partiellement enrayée dans certains pays, nulle part n'apparaît un véritable redressement.

## 4. Inventer une nouvelle croissance

Les perspectives démographiques des grandes économies occidentales montrent que la croissance de la population en âge de travailler ne se ralentira que très modérément au cours des dix prochaines années. Par ailleurs, les prévisions de croissance de l'activité et de la productivité oscillent autour d'ordres de grandeur qui semblent peu compatibles avec une évolution favorable de l'emploi. Même dans le cas d'hypothèses relativement optimistes, les conditions n'apparaissent pas réunies pour que les créations d'emplois prévisibles fassent mieux qu'approcher la croissance de la population active et stabiliser le taux de chômage. L'emploi est donc un défi majeur des prochaines années et l'on estime que le nombre de chômeurs en excès du taux moyen de la période 1964-1973 serait à moyen terme de 5 600 000 aux États-Unis, contre 1 400 000 en France et 2 700 000 au Royaume-Uni (1 700 000 en République fédérale d'Allemagne et 880 000 au Japon). Les principaux pays industriels ont connu l'évolution que résume le tableau III.

L'analyse du problème de l'emploi passe par la prise en compte de deux contraintes : la pression démographique d'un côté et la concurrence internationale de l'autre.

Schématiquement, le problème est le suivant : pour créer des emplois, il faut augmenter la croissance, ce qui ne peut

| Moyenne par période | 1964-1973 | 1973 | 1979 | 1983 | 1984 | 1985 [1] |
|---|---|---|---|---|---|---|
| États-Unis | 4,5 | 4,8 | 5,8 | 9,5 | 7,8 | 6,8 |
| France | 2,2 | 2,6 | 5,9 | 8,1 | 8,7 | 9,8 |
| République fédérale d'Allemagne | 0,8 | 0,8 | 3,2 | 7,5 | 7,3 | 8,4 |
| Royaume-Uni | 3,1 | 3,3 | 5,6 | 13,2 | 13,3 | 13,3 |
| Japon | 1,2 | 1,3 | 2,1 | 2,6 | 2,7 | 2,9 |

1. Chiffres de 1985 issus de *L'État du monde 1986*.

*Source :* OCDE, statistiques de la population active. Définition selon les concepts du BIT.

être obtenu qu'en allégeant la contrainte extérieure, c'est-à-dire en rendant l'économie plus compétitive que celle des partenaires. Comme la plupart des produits des économies industrielles ne présentent pas une grande différence de nature assurant pour longtemps à leurs producteurs une position de monopole, c'est essentiellement en gagnant sur les coûts qu'il est possible d'augmenter les parts de marché et donc les ventes qui permettent ensuite de rémunérer le travail et d'investir. Il faut donc faire des gains de productivité, c'est-à-dire employer toujours moins de travailleurs par rapport aux quantités produites. Cette dernière opération est bien évidemment contradictoire avec les créations d'emplois et l'on est en présence d'un parfait cercle vicieux. Que peut-on faire ?

Pour alléger la contrainte qui pèse sur les entreprises, les gouvernements ont tenté de réduire le nombre de personnes susceptibles de chercher un travail. Cette mesure est simple et de bon sens, mais elle s'est malheureusement révélée, à la notable exception du Japon, d'une portée limitée.

Il est aussi possible d'augmenter l'emploi dans le secteur public. Mais là encore, on affronte vite des limites. Cette opération augmente les déficits publics difficiles à financer, surtout en période de désinflation.

Reste alors la création d'emplois dans le secteur non manufacturier.

*Une faible croissance de la productivité du secteur non industriel pour diminuer le chômage*

Comme nous le mentionnions, c'est dans les pays où ils occupent la part la plus forte que les effectifs du secteur non industriel progressent le plus vite.

La progression de l'emploi non industriel a été d'autant plus forte sur la période 1973-1980 que la croissance de la population active a été plus vive. En période de croissance industrielle ralentie, il appartiendrait donc au secteur non industriel de créer les emplois permettant d'absorber les nouveaux actifs. Selon cette logique, les hausses de productivité de ce secteur doivent donc être d'autant plus faibles que la croissance de la population active est plus élevée et tout se passe alors comme si le secteur non manufacturier ajustait sa productivité de façon, pour un niveau de production donné, à créer des emplois d'autant plus nombreux que la population tend à augmenter plus vite. Pour préciser cette analyse, nous examinerons successivement l'évolution qu'ont connue les États-Unis et le Japon.

• *Aux États-Unis*, c'est essentiellement sur les secteurs tertiaires que repose le dynamisme de l'emploi. L'industrie a continué à accroître ses effectifs entre 1973 et 1979 (tandis qu'en Europe ils étaient réduits), mais elle n'emploie plus que 20 % de la population active (contre plus de 30 % en République fédérale d'Allemagne), et sa contribution à la création de postes de travail a été faible en comparaison des résultats des secteurs du commerce ou des services. L'importance du secteur tertiaire est un fait ancien, mais ce mouvement s'est renforcé à la suite de la dégradation des résultats du commerce extérieur. Deux faits nouveaux doivent être signalés. Tout d'abord, le développement du temps partiel et la réduction du temps de travail se sont essentiellement produits dans les services et le commerce, alors que la durée moyenne du travail est stable depuis trente ans dans l'industrie. D'autre part, la productivité horaire a progressé en moyenne plus vite dans l'industrie que dans le tertiaire si bien qu'à structure de la demande stable, une part décroissante de la population active s'est trouvée employée dans la production de biens.

L'hypothèse de l'émergence d'une économie post-industrielle — tant célébrée au cours des années soixante-dix — peut être évoquée puisque l'on aurait d'un côté une production de biens employant des effectifs réduits et de l'autre la fourniture d'un ensemble de services sophistiqués du type de ceux qui sont liés à la mise en œuvre de l'informatique. Cette hypothèse doit toutefois être écartée rapidement car c'est essentiellement l'extension des activités tertiaires orientées vers les ménages qui explique la croissance de l'emploi. Le commerce de détail, les centres de santé, la restauration ont créé un grand nombre de postes faiblement qualifiés et mal rémunérés, occupés par les nouveaux arrivants sur le marché du travail. Il est ainsi prévu que de 1979 à 1995 le nombre de gardiens d'immeubles augmente de presque 900 000, soit sensiblement plus que le total des postes d'informaticiens qui seront créés durant la même période.

L'hypothèse de l'émergence d'une économie post-industrielle doit d'ailleurs être écartée pour d'autres raisons.

A long terme, il convient en effet de souligner que la société qui se dessine n'est pas une société sans industrie, mais au contraire une société dont l'économie reposera sur l'efficacité de son industrie. Celle-ci devra être capable de produire les biens nécessaires au fonctionnement de cette économie, biens qui permettront dans les domaines les plus variés de rendre les « services » actuellement rendus par des hommes.

A plus court terme, la dépendance de nos économies à l'égard de l'industrie est encore plus forte, c'est d'elle dont dépend la qualité de l'insertion des nations dans l'économie mondiale.

• *Au Japon*, sur la période 1973-1979, le constat est apparemment le même. De tous les pays industrialisés, le

Japon est celui qui en 1974 a connu le choc le plus brutal. Sa croissance économique est passée de 10 % à moins de 4 % l'an, mais le rythme de création d'emplois n'a que faiblement fléchi. L'industrie manufacturière détruit des emplois tandis que les services et les commerces en créent. La production industrielle croît plus vite qu'ailleurs. La réduction de la durée du travail est de faible importance. C'est donc par un ralentissement différencié de la productivité qu'on explique ce résultat favorable.

Une fois le choc de la récession absorbé, la croissance de la productivité du travail dans l'industrie retrouve une tendance élevée (8,3 pour la période 1970-1973, 6,1 en 1973-1979 et 7,3 en 1979-1982). En revanche, dans les secteurs traditionnels de l'économie japonaise comme l'agriculture et le commerce qui représentaient, en 1973, 32 % de l'emploi, la croissance de la productivité du travail est brutalement freinée.

Contrairement aux autres grandes économies industrielles, le Japon compte en 1973 une proportion importante de non-salariés : 31,3 % (9,7 % pour les États-Unis et 19,3 % pour la France). La période de ralentissement de la croissance voit le mouvement de salarisation se ralentir très nettement et le revenu des non-salariés chuter.

Grâce à ce dualisme sectoriel, la croissance japonaise s'est accélérée depuis 1979 et la croissance des emplois dans l'industrie a repris au rythme de 0,7 % l'an.

Le tableau que nous présentons ci-contre synthétise les principaux résultats que nous venons d'évoquer. Il met clairement en évidence la relation entre faiblesse des gains de productivité et croissance de l'emploi.

La divergence des évolutions sectorielles de productivité traduit des réactions profondément opposées des différentes économies face au ralentissement de la croissance mondiale. Elle dément les analyses fondées sur l'idée d'une convergence dans le long terme des structures économiques par alignement sur le schéma américain.

TABLEAU IV. — CROISSANCE\*, EMPLOI\*\* ET PRODUCTIVITÉ PAR TÊTE\*\*\*
DANS LES ÉCONOMIES INDUSTRIELLES

*(Taux de croissance annuels moyens en %)*

|  | 1960-1973 | | | 1973-1979 | | | 1979-1983 | | |
|---|---|---|---|---|---|---|---|---|---|
|  | *Emploi* | *Croissance* | *Productivité* | *Emploi* | *Croissance* | *Productivité* | *Emploi* | *Croissance* | *Productivité* |
| États-Unis | 1,9 | 4,0 | 2,1 | 2,5 | 2,6 | 0,2 | 0,5 | 0,9 | 0,4 |
| France | 0,7 | 5,6 | 4,9 | 0,2 | 3,1 | 2,9 | -0,4 | 0,9 | 1,3 |
| République fédérale d'Allemagne | 0,3 | 4,5 | 4,2 | -0,6 | 2,4 | 3,0 | -0,8 | 0,5 | 1,3 |
| Royaume-Uni | 0,3 | 3,1 | 2,8 | 0,2 | 1,4 | 1,2 | -1,6 | 0,4 | 1,9 |
| Japon | 1,3 | 9,8 | 8,4 | 0,7 | 3,6 | 2,9 | 1,2 | 3,8 | 2,6 |

\* PIB en volume.
\*\* Population active occupée.
\*\*\* PIB par actif.

*Source :* Comptes nationaux de l'OCDE.

# II / L'insertion des économies

Dans le premier chapitre, nous avons vu que l'industrie, au travers des révolutions industrielles, est le cœur de l'économie mondiale. En étudiant la période contemporaine, nous avons ensuite montré le caractère industriel de la crise, puis nous avons esquissé un schéma de sortie de crise, ou, du moins, nous avons montré qu'une faible croissance de la productivité du secteur non industriel pouvait réduire le chômage. Il nous faut maintenant aller plus avant dans la description de l'économie mondiale, définir des ensembles et expliquer comment s'établit la hiérarchie entre les différents blocs.

## 1. Une économie mondiale hiérarchisée

Entre 1960 et 1980, les pays occidentaux enregistrent un recul de la natalité. Il est cependant difficile de mesurer l'impact économique des évolutions démographiques de longue période. En dehors de leurs conséquences sur les structures de consommation et de population active, ces forces ne modifient que lentement les rapports socio-politiques qui contribuent à long terme à modeler la configuration de l'économie mondiale.

Le recul que les pays occidentaux enregistrent en ce qui concerne la production est en revanche plus riche de sens.

TABLEAU V. — Répartition de la population, de la production
et partage du revenu mondial

| | Population | | Production | | Revenu | |
|---|---|---|---|---|---|---|
| | 1960 | 1981 | 1960 | 1981 | 1960 | 1981 |
| Europe occidentale | 11,8 | 9,6 | 27,6 | 23,4 | 24,6 | 27,1 |
| États-Unis | 6,0 | 5,2 | 26,7 | 20,8 | 36,3 | 24,6 |
| URSS et Europe centrale | 10,2 | 8,6 | 11,7 | 13,7 | 15,8 | 14,8 |
| Japon | 3,1 | 2,6 | 4,6 | 8,0 | 3,2 | 9,5 |
| Pays en développement lent | 31,6 | 34,9 | 13,1 | 12,4 | 7,9 | 6,7 |
| OPEP | 6,7 | 7,7 | 4,0 | 5,6 | 2,3 | 5,6 |
| Canada et ANZAS [2] | 1,6 | 1,6 | 4,2 | 4,0 | 4,8 | 4,7 |
| Pays en développement rapide [1] | 4,9 | 5,7 | 4,1 | 6,9 | 2,7 | 4,5 |
| Chine | 24,1 | 24,1 | 4,0 | 5,2 | 2,4 | 2,5 |

1. Il s'agit du Brésil, du Mexique, de la Corée du Sud, de Taiwan, Singapour et Hong Kong.
2. Outre le Canada, cette zone comprend l'Australie, la Nouvelle-Zélande et l'Afrique du Sud.

Si, en 1960, ils assurent 63 % du PIB mondial, ce rapport n'est plus que de 56 % au début des années quatre-vingt.

A partir de la fin des années soixante, le dynamisme des économies américaine et japonaise s'altère profondément. Les zones dont le poids s'élève dans la production mondiale sont celles qui parviennent à maintenir un rythme de croissance soutenu jusqu'à la fin des années soixante-dix, comme l'Union soviétique, l'Europe centrale et les pays en développement.

En conséquence, la concurrence est plus vive, certaines productions doivent être délaissées et il devient nécessaire, pour chaque pays industriel, de réorienter l'appareil de production.

Le ralentissement de la croissance mondiale s'accompagne également d'un changement dans la dynamique des relations internationales : au cours des années soixante-dix, les pays s'enrichissent ou s'appauvrissent moins par l'évolution réelle de leur production que par la façon dont ils valorisent l'ensemble de leurs facteurs de production sur le plan international par leurs relations d'échange.

La troisième colonne du tableau V présente l'évolution du revenu des différentes zones. La construction de cet indicateur nous permet de voir les gains qu'a réalisés l'OPEP qui, après 1973, est arrivée à modifier à son profit les termes de l'échange. Elle accroît de plus de trois points ses parts du revenu mondial.

Parmi les pays développés, le recul prononcé de l'économie américaine dans le partage du revenu mondial, au cours des années soixante-dix, résulte pour une large part de la chute du dollar durant toute cette période.

### De nouvelles conditions d'échange des produits industriels

Pendant les années cinquante et soixante, la division internationale du travail accentuait les avantages acquis initialement par chaque pays. L'ouverture des économies a permis le développement d'une phase de croissance accompagnée d'une inflation modérée.

Mais cette dynamique a été remise en cause par cela même qui fit son succès. Elle a en effet conduit à l'établissement de positions dominantes et a donc créé des conditions favorables à de fortes hausses de prix.

Les stratégies de développement de certaines zones sont un deuxième facteur d'évolution. A la suite du Japon, les pays semi-industrialisés définissent une nouvelle stratégie qui se fonde sur un nombre limité de pôles de compétitivité, créés sur des segments stratégiques de filières qui exercent des effets d'entraînement en amont et en aval. Ces pays ont donc contribué au renforcement de la concurrence à laquelle se livraient les pays occidentaux entre eux.

### De nouvelles formes d'interdépendance entre les pays qui constituent l'économie mondiale

Deux phénomènes ont influencé la structure des échanges ces quinze dernières années : l'accélération des prix du commerce international et, depuis 1974, l'endettement massif du tiers monde et de l'Europe de l'Est. Le recours massif au crédit de la part d'un petit nombre de pays en voie d'industrialisation leur a permis de poursuivre une croissance rapide et de continuer à marquer des points aux dépens des pays industrialisés sur certains marchés.

Mais c'est l'affrontement entre pays industriels qui a provoqué les plus grands bouleversements dans les échanges mondiaux de produits manufacturés au cours de la dernière décennie. En menant des politiques centrées sur le rétablissement de leurs équilibres extérieurs après le premier choc pétrolier, ils ont affronté une vive concurrence tant sur leur propre marché que sur les marchés tiers. Après une phase au cours .de laquelle la persistance d'anciennes positions dominantes permettait à certains producteurs d'augmenter les prix à leur guise, la concurrence internationale recommence à s'intensifier sur tous les marchés. Si nous conduisons notre analyse par groupes de produits, on distingue les tendances suivantes.

## TABLEAU VI. — LE POIDS DES ÉCHANGES DE QUELQUES PRODUITS MANUFACTURÉS DANS LE COMMERCE MONDIAL

| Produits | 1967 | 1973 | 1977 | 1980 |
|---|---|---|---|---|
| *PRODUITS MÉTALLIQUES* | | | | |
| Sidérurgie | 5,4 | 5,7 | 5,2 | 5,3 |
| Métallurgie non ferreuse | 4,3 | 3,5 | 2,9 | 3,6 |
| Articles métalliques | 3,3 | 3,4 | 3,9 | 3,8 |
| Moteurs et machines | 11,3 | 10,6 | 11,5 | 11,2 |
| Matériel de précision | 2,2 | 2,3 | 2,6 | 2,8 |
| Électronique | 3,4 | 4,7 | 4,9 | 5,2 |
| Matériel électrique | 3,1 | 3,5 | 4,2 | 4,0 |
| Matériel de transport | 11,1 | 13,0 | 14,1 | 13,1 |
| *PRODUITS NON MÉTALLIQUES* | | | | |
| Matériaux de construction | 1,3 | 1,4 | 1,5 | 1,6 |
| Textile | 7,9 | 8,1 | 7,6 | 7,6 |
| Bois, papiers, divers... | 8,0 | 8,0 | 7,8 | 8,3 |
| Chimie de base | 6,4 | 6,6 | 7,0 | 7,8 |
| Chimie fine | 3,5 | 3,8 | 3,9 | 4,2 |
| Produits alimentaires | 9,1 | 9,1 | 8,5 | 8,2 |

*Source :* CEPII, base CHELEM : commerce international.

• *Une importance croissante des invisibles.* — Le renchérissement des produits énergétiques a réduit la part des marchandises non énergétiques dans les échanges mondiaux, cependant que la part des invisibles (toutes les opérations monétaires internationales sans contrepartie tangible : transports, voyages, etc.) est restée stable aux alentours de 25 %. Depuis 1973, les échanges d'invisibles ont donc progressé plus vite que les échanges de marchandise hors énergie.

• *Le recul des produits primaires.* — Les produits primaires n'ont guère participé au mouvement d'interdépendance croissante entre les économies, et leur recul

Pour établir des comparaisons entre les nations qui participent à l'échange international, il est important de disposer d'un indice synthétique qui reflète la situation que l'on souhaite décrire. A titre d'exemple, nous présentons ci-dessous l'indicateur de complémentarité qui, comme tout indicateur, ne saurait suffire à lui seul. La construction d'indices est un pas essentiel dans l'apprentissage de la méthodologie économique.

La définition de l'indicateur de complémentarité pour un produit quelconque K est la suivante. X représente les exportations, I les importations. $X_K$ signifie donc : exportations en produits K.

$$\text{Indice} = \frac{X_K - I_K}{(X+I)/2} \times 100 - 100 \times \frac{X+I}{(X+I)/2} \times \frac{X_K + I_K}{X+1}$$

La première expression relativise les échanges en un type de produit par rapport à l'ensemble des échanges de la zone étudiée.

La seconde est similaire, mais au niveau de l'ensemble des opérations.

La troisième donne la part, dans l'ensemble des échanges de biens et services de la zone, de ceux correspondant à l'opération K.

Au regard de cet indicateur, un résultat nul signifie que la branche industrielle dont il est question ne participe pas plus que la moyenne des activités à l'équilibre de la balance courante de ce pays. S'il est supérieur à un, apparaît une spécialisation : relativement à l'ensemble des produits échangés, l'économie dont il est question équilibre les échanges par les excédents de cette branche industrielle. L'indicateur est une mesure en termes relatifs, il y aura donc autant d'écarts positifs par rapport au zéro que d'écarts négatifs. Si l'on obtient un résultat négatif cela signifie que la contribution de ces opérations à la formation du solde courant est moindre que leur poids dans l'ensemble des échanges.

On peut illustrer pour le cas du Japon le fonctionnement de cet indicateur. Le graphique reprend les valeurs prises par l'indicateur pour 10 catégories de produits (18 catégories de produits et 7 de services ont été analysées mais seules les branches significatives ont été retenues). La contribution positive du matériel de transport apparaît avec un indicateur supérieur à 10. Elle a pour contrepartie négative des importations nettes d'énergie.

GRAPHIQUE 3. — JAPON : CONTRIBUTION DE QUELQUES PRODUITS AU SOLDE COURANT

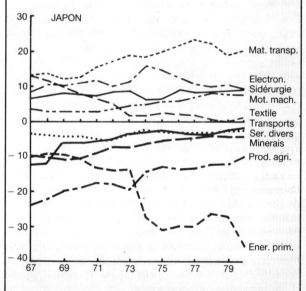

*Source :* CEPII, bases CHELEM : commerce international ; balance de paiements.

— qui commence dès la fin des années soixante — s'est poursuivi avec la crise, les pays producteurs n'ayant pu, faute de demande, développer leurs exportations. Représentant près de 20 % des échanges commerciaux (hors énergie) en 1967, la part des produits primaires n'est plus que de 15,3 % en 1972 et de 13,8 % en 1980. La part des produits agricoles est quatre fois plus élevée que celle des minerais.

• *Produits métalliques : nette progression.* — C'est le secteur le plus porteur et il joue un rôle clé dans la nouvelle révolution industrielle (voir tableau VI) puisqu'il remet en cause les processus de production de tous les autres secteurs. Les échanges internationaux de ces produits ont connu une croissance très rapide, signe d'une période de crise et de mutation.

• *Autres produits manufacturés : faible dynamisme.* — Seule la chimie montre un certain essor (voir tableau VI) tandis que tous les autres produits maintiennent leur part sans inflexion nette à la hausse ou à la baisse.

La structure des échanges que nous venons de décrire est très grossière. Pour affiner notre analyse, il nous faut maintenant tenir compte de l'origine de ces productions, ce qui revient à dresser une typologie des différentes régions exportatrices et importatrices. Cela permet de mieux définir l'insertion de chacune des économies. Quelles sont les forces — catégorie d'opération relativement excédentaire — et les faiblesses — catégorie d'opération relativement déficitaire — de chacune des zones de l'économie mondiale ? Ces zones continuent-elles à payer leurs importations de biens manufacturés par leurs ressources primaires ou, au contraire, parviennent-elles à équilibrer leurs échanges en exportant des produits manufacturés tout en important d'autres types de biens manufacturés ? Dans le premier cas, on parlera d'une complémentarité intersectorielle ; dans le second, d'une complémentarité intra-sectorielle.

*L'insertion traditionnelle d'un pays du Sud*
*dans l'ensemble économique mondial*

Des excédents en matières premières et des déficits en produits industriels définissent les zones insérées dans un type traditionnel de complémentarité. Ces excédents peuvent être concentrés sur l'énergie, les produits agricoles ou les minerais, selon les dotations en ressources naturelles des différentes zones. Mais il est fréquent, sinon systématique, que l'excédent d'une zone en produits agricoles s'accompagne d'un excédent en produits alimentaires. De la même façon, une zone fortement excédentaire en minerais peut également être excédentaire en métaux non ferreux. Ces excédents ont pour contrepartie des déficits en biens industriels « lourds », c'est-à-dire à forte intensité de capital et de technique.

Les pays de l'OPEP sont caractéristiques d'une telle insertion. En règle générale, leur excédent énergétique « écrase » tout autre excédent. L'Afrique noire, l'Amérique latine et certains pays d'Asie dégagent des excédents en minerais et métaux non ferreux et en produits agricoles et alimentaires, subissant en contrepartie des déficits sur les moteurs et machines et sur les matériels de transport. Ces régions ne paraissent pas remettre en cause leur position « périphérique » dans la division internationale du travail, les échanges restant polarisés à l'importation sur les biens industriels et à l'exportation sur les matières premières.

Le Canada, l'Australie, la Nouvelle-Zélande s'inscrivent paradoxalement dans cette même logique. C'est la faible densité de leur population et la disponibilité d'importantes ressources naturelles qui ont permis un niveau de vie relativement élevé dans ces pays, mais les importants déficits qu'ils enregistrent en biens industriels lourds les rejettent à la périphérie du cœur industriel. Il en est de même de l'Union soviétique caractérisée par des excédents en énergie et matières premières et par des déficits en produits industriels lourds.

Que peut-on dire des pays qui connaissent ce type d'insertion ? A l'exception de l'énergie, les échanges de

## TABLEAU VII. — LE POIDS DES ZONES
### DANS LES ÉCHANGES MONDIAUX

| Zones | Part dans les échanges courants [1] | | Part dans les échanges commerciaux | |
|---|---|---|---|---|
| | 1967 | 1980 | 1967 | 1980 |
| États-Unis | 16,2 | 12,9 | 13,3 | 11,6 |
| Canada | 5,1 | 3,1 | 4,3 | 3,0 |
| France | 6,1 | 6,6 | 5,4 | 6,1 |
| UEBL | 2,7 | 3,6 | 3,2 | 3,3 |
| Allemagne fédérale | 9,4 | 9,7 | 8,6 | 9,3 |
| Italie | 4,2 | 4,4 | 4,1 | 4,3 |
| Pays-Bas | 3,3 | 3,9 | 3,5 | 3,7 |
| Iles britanniques | 8,9 | 6,7 | 7,3 | 6,2 |
| Pays scandinaves | 5,3 | 4,2 | 5,2 | 4,1 |
| Pays alpins | 2,9 | 2,8 | 2,7 | 2,7 |
| Europe méridionale | 3,9 | 4,0 | 3,1 | 2,7 |
| Japon | 4,4 | 6,4 | 4,7 | 6,5 |
| Australie, Nouvelle-Zélande | 2,1 | 1,4 | 2,0 | 1,3 |
| Afrique du Sud | 1,4 | 1,1 | 1,1 | 0,7 |
| Amérique OPEP | 1,0 | 0,9 | 1,1 | 0,9 |
| Mexique | 0,9 | 1,1 | 0,7 | 1,0 |
| Brésil | 0,7 | 1,2 | 0,7 | 1,1 |
| Autres pays d'Amérique latine | 3,0 | 2,1 | 3,6 | 3,0 |
| Afrique du Nord OPEP | 0,8 | 0,6 | 0,7 | 1,3 |
| Moyen-Orient OPEP | 2,1 | 5,9 | 2,2 | 6,8 |
| Afrique du Nord non OPEP | 0,7 | 0,8 | 0,7 | 0,7 |
| Moyen-Orient non OPEP | 0,4 | 0,5 | 0,4 | 0,4 |
| Afrique noire OPEP | 0,3 | 0,9 | 0,3 | 1,2 |
| Afrique noire non OPEP | 1,3 | 0,8 | 2,0 | 1,3 |
| Asie du Sud OPEP | 0,3 | 0,8 | 0,3 | 0,9 |
| Inde | 1,0 | 0,6 | 0,9 | 0,6 |
| Asie du Sud en développement rapide | 1,7 | 3,9 | 1,9 | 3,8 |
| Autres pays d'Asie du Sud | 1,6 | 2,0 | 2,4 | 1,9 |
| Union soviétique | 3,2 | 2,8 | 4,5 | 3,7 |
| Europe centrale | 4,3 | 3,4 | 6,5 | 4,4 |
| Chine | 0,8 | 0,9 | 1,0 | 1,0 |
| Indochine | — | — | 0,3 | |
| Divers non ventilés | — | — | 0,8 | 0,5 |

1. Moyenne des crédits et débits courants d'une zone rapportée à la moyenne des crédits et débits courants mondiaux.

*Source :* CEPII, bases CHELEM : commerce international ; balances de paiements.

matières agricoles ou minérales sont peu dynamiques. Cela risque de se traduire par des recettes de moins en moins abondantes, les excédents en volume ayant du mal à progresser et l'évolution des prix relatifs de ces matières premières étant rarement favorable. ·

L'avenir est donc plus qu'incertain pour cet ensemble de pays et ce d'autant plus que nombre d'entre eux cumulent aujourd'hui ces difficultés avec celles liées au nécessaire remboursement des sommes qu'ils ont empruntées par le passé.

### L'insertion des nouveaux pays industriels dans l'ensemble économique mondial

L'insertion dans les échanges internationaux de certains pays d'industrialisation récente échappe à cette logique de complémentarité intersectorielle. Leurs échanges restent déficitaires en produits industriels lourds, mais leurs excédents pour certains produits manufacturés contribuent de manière importante à l'équilibre de leurs paiements courants. La faiblesse des coûts de leur main-d'œuvre et des disponibilités limitées en matières premières expliquent qu'ils aient orienté leurs structures industrielles sur des productions à forte intensité de travail : textile, électronique, filière bois-papier... Ils financent ainsi leurs importations par une exportation croissante de biens d'équipement. L'industrialisation de ces pays crée une situation où leurs complémentarités avec les grands foyers industriels pourvoyeurs d'équipements se réduisent, et où les facteurs de concurrence, déjà évidents dans certains secteurs, risquent fort de s'intensifier. Ce type d'insertion est caractéristique des pays d'Europe méridionale, de certains pays asiatiques, de l'Inde et de la Chine, du Mexique et du Brésil.

### L'insertion des pays industriels dans l'ensemble économique mondial

Certains traits communs, qui les opposent aux régions définies plus haut comme « périphériques », caractérisent

TABLEAU VIII. — LA STRUCTURE DES ÉCHANGES ENTRE LES GRANDES ZONES DE L'ÉCONOMIE MONDIALE EN 1980

| EXPORT. \ IMPORT. | EU | EURO | JAP | CANZ | OPEP | PDR | APVD | EST | CHIN | MOND | Montants en milliards de dollars US courants |
|---|---|---|---|---|---|---|---|---|---|---|---|
| États-Unis | | 2,9 | 1,1 | 2,4 | 0,9 | 1,7 | 1,3 | 0,2 | 0,2 | 10,6 | 208,7 |
| Europe occidentale | 2,6 | 27,8 | 0,5 | 1,1 | 3,1 | 0,9 | 2,8 | 1,8 | 0,2 | 40,9 | 802,5 |
| Japon | 1,6 | 1,1 | | 0,4 | 1,0 | 1,1 | 0,9 | 0,2 | 0,3 | 6,6 | 129,5 |
| Canada, Australie, Nouvelle-Zélande, Afrique du Sud | 2,4 | 0,9 | 0,6 | 0,2 | 0,2 | 0,2 | 0,3 | 0,2 | 0,1 | 5,1 | 99,9 |
| OPEP | 2,8 | 5,7 | 2,9 | 0,4 | 0,1 | 1,8 | 2,3 | 0,2 | | 16,1 | 315,8 |
| Pays en développement rapide | 1,8 | 1,2 | 0,5 | 0,2 | 0,5 | 0,5 | 0,5 | 0,1 | 0,1 | 5,3 | 103,8 |
| Autres PVD | 1,4 | 2,4 | 0,8 | 0,2 | 0,4 | 0,3 | 0,6 | 0,7 | 0,1 | 6,8 | 133,1 |
| Europe de l'Est | 0,1 | 2,1 | 0,1 | | 0,1 | | 0,2 | 5,0 | 0,3 | 7,9 | 154,6 |
| Chine et Indochine | 0,1 | 0,1 | 0,2 | | 0,1 | 0,1 | | 0,1 | | 0,8 | 16,2 |
| Monde | 12,7 | 44,3 | 6,5 | 4,9 | 6,3 | 6,6 | 9,0 | 8,4 | 1,2 | 100,0 | 1 964,2 |
| Montants en milliards de dollars US courants | 249,8 | 869,9 | 128,5 | 95,9 | 124,7 | 130,2 | 177,6 | 164,5 | 23,1 | 1 964,2 | |

*Source* : CEPII, base CHELEM : commerce international.

l'insertion dans les échanges internationaux d'une quinzaine de pays : la République fédérale d'Allemagne, le Japon, les États-Unis, le Royaume-Uni, la France, la Belgique, les Pays-Bas, les pays alpins (Suisse, Autriche), l'Italie, les pays scandinaves. (Les cinq principales économies industrielles réalisent à elles seules près de 40 % du commerce mondial.) La configuration de leurs soldes extérieurs fait apparaître le rôle majeur des excédents de produits industriels et particulièrement de produits à forte intensité de capital et de technique. Dans cette sous-section, la notion d'excédent doit être prise dans l'acception définie dans l'encadré sur l'indicateur de complémentarité.

• *République fédérale d'Allemagne :* quatre branches industrielles lourdes (sidérurgie, chimie de base, machines et moteurs, matériel de transport) contribuent fortement à équilibrer la balance courante très déficitaire en matières premières, énergie et services (du fait des voyages, mais aussi des transferts versés par les travailleurs émigrés dans le cas de ce dernier poste).

• *Japon :* l'effacement du textile, l'amélioration des points forts que sont le matériel de transport et les moteurs et machines, le maintien d'un excédent en produits sidérurgiques rendent l'équilibre proche d'un profil théorique idéal d'adaptation à la nouvelle demande internationale. Le Japon est le seul des pays industriels à avoir un excédent pour les produits de l'électronique.

• *Les États-Unis* ont le profil d'un pays dominant. Ils sont excédentaires sur les machines et moteurs et sur les produits de la chimie lourde. Ils bénéficient aussi des contributions fortement positives des produits agricoles, des revenus des investissements à l'étranger, et des revenus liés aux contrats d'ingénierie. Les services gouvernementaux passent du négatif — guerre du Vietnam — à l'équilibre tandis que s'approfondit le déséquilibre énergétique.

• *Le Royaume-Uni :* là encore les services jouent un rôle clé. Et cela n'a rien d'étonnant puisque les États-Unis et le Royaume-Uni sont deux places financières importantes.

L'exploitation du pétrole de la mer du Nord entraîne une spectaculaire réduction du déficit énergétique. Les deux seuls points forts industriels — moteurs et machines et matériel de transport — sont en net déclin.

• *Belgique :* l'excédent belge sur les produits sidérurgiques — seul point fort des années soixante-dix — décline rapidement et est partiellement compensé par une progression des revenus nets des ventes de savoir-faire.

• *France :* la contribution de la branche matériel de transport — là encore on ne dénombre guère qu'un seul point fort — tend à s'élargir jusqu'en 1979 avant de décliner.

• *Pays-Bas et pays alpins :* la taille du marché intérieur est un élément qui conditionne le développement industriel : les complémentarités industrielles, en toute logique, seront plus fortes lorsque les marchés sont petits. Les Pays-Bas comme les pays alpins se distinguent par la présence d'un important solde déficitaire sur le matériel de transport. Les points forts sont toutefois nettement marqués (chimie de base pour les Pays-Bas, moteurs et machines et matériel de précision pour les pays alpins). Ils bénéficient en outre de recettes importantes d'invisibles.

• *Italie :* la configuration de l'équilibre extérieur de l'Italie présente des traits originaux : la contribution fortement positive des produits textiles et du poste voyage l'apparente aux pays semi-industrialisés, notamment aux autres pays d'Europe méridionale. Cependant, aucun déficit en produits industriels lourds — signe d'une insertion de type traditionnel — n'apparaît. Au contraire, les échanges de moteurs et machines sont largement excédentaires.

## 2. La concurrence entre pays industriels

Le tableau figurant ci-dessous résume les évolutions qu'ont connues les cinq grandes économies industrielles. Il appelle plusieurs commentaires.

Nous constatons que, même en période de croissance

TABLEAU IX. — POIDS DES ÉCHANGES DES CINQ ÉCONOMIES DOMINANTES DANS LE REVENU MONDIAL ET DANS LES ÉCHANGES (COMMERCIAUX ET COURANTS) MONDIAUX

| | Années | États-Unis | France | République fédérale d'Allemagne | Iles britanniques | Japon | Cinq grands |
|---|---|---|---|---|---|---|---|
| Part dans le revenu mondial (prix et taux de change courants) | 1967 | 33,7 | 4,7 | 5,2 | 4,8 | 5,2 | 53,6 |
| | 1973 | 27,5 | 5,2 | 7,2 | 3,9 | 8,7 | 52,6 |
| | 1980 | 22,5 | 5,7 | 7,1 | 4,7 | 9,0 | 49,0 |
| Part dans les échanges commerciaux mondiaux [1] | 1967 | 13,3 | 5,4 | 8,7 | 7,4 | 4,7 | 39,5 |
| | 1973 | 12,1 | 6,2 | 10,3 | 6,2 | 6,1 | 40,9 |
| | 1980 | 11,4 | 6,1 | 9,2 | 6,1 | 6,6 | 39,4 |
| Part dans les échanges courants mondiaux [2] | 1967 | 16,2 | 6,1 | 9,4 | 8,9 | 4,4 | 45,0 |
| | 1973 | 13,5 | 6,7 | 10,6 | 7,0 | 5,9 | 43,7 |
| | 1980 | 12,9 | 6,6 | 9,7 | 6,7 | 6,4 | 42,3 |
| Ouverture [3] | 1967 | 5,7 | 14,9 | 21,2 | 22,1 | 10,0 | |
| | 1973 | 7,8 | 20,3 | 23,5 | 28,5 | 10,8 | |
| | 1980 | 12,9 | 26,2 | 30,6 | 32,0 | 15,8 | |

1. (Exportations + importations du pays) / (Exportations + importations mondiales).
2. (Crédits + débits du pays) / (Crédits + débits mondiaux).
3. (Crédits + débits) / 2 / PIB par pays.

*Source :* CEPII, base CHELEM : commerce international.

ralentie, l'adhésion au principe du libre échange ne semble souffrir d'aucune remise en cause, les économies demeurent ouvertes et l'internationalisation du secteur manufacturier se poursuit : c'est le cas notamment de la France et de la République fédérale d'Allemagne. Pour d'autres, traditionnellement peu ouverts sur l'extérieur, comme le Japon ou les États-Unis, l'importance des échanges s'est nettement accrue, modifiant profondément la nature de leur insertion internationale.

De même l'internationalisation des secteurs manufacturiers ne s'est pas réalisée pour tous les pays selon les mêmes modalités. En France, en République fédérale d'Allemagne et aux États-Unis, la progression des exportations et celle des importations sont allées de pair. Le Japon, au contraire, réussit à faire croître de manière spectaculaire ses exportations de produits manufacturés sans laisser dans le même temps s'accroître la pénétration de son marché intérieur.

Par ailleurs, il faut remarquer que si toutes les grandes économies exportent d'abord des produits manufacturés, seuls le Japon et, dans une moindre mesure, la République fédérale d'Allemagne sont véritablement démunis d'autres richesses. Les États-Unis, par exemple, exportent massivement des produits agricoles et des matières premières, tandis que le pétrole de la mer du Nord joue un rôle important dans les exportations britanniques.

La faible dotation en ressources naturelles se retrouve symétriquement dans la dépendance à l'importation. A un niveau de production largement inférieur, l'économie japonaise importe presque autant de produits énergétiques que l'économie américaine.

Un critère simple permet de mesurer le degré d'ouverture de chaque pays. Il consiste à rapporter la somme des exportations et des importations au PIB. Comme on le verra dans le tableau ci-dessous, elle s'accentue dans l'ensemble des pays malgré la crise.

Enfin, notons que la part des cinq économies dominantes dans le revenu mondial diminue. Le mouvement d'ouverture n'en est que plus caractéristique.

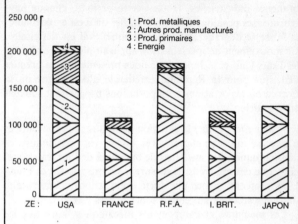

GRAPHIQUE 4. — LA COMPOSITION SECTORIELLE
DES ÉCHANGES DES GRANDES ÉCONOMIES EN 1980

*Exportations et importations
en millions de dollars courants FOB*

1 : Prod. métalliques
2 : Autres prod. manufacturés
3 : Prod. primaires
4 : Energie

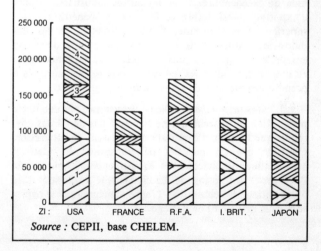

*Source :* CEPII, base CHELEM.

Le mouvement d'internationalisation des industries manufacturières, au cours des années soixante-dix, a conduit, d'une manière générale, à accroître les écarts entre les branches industrielles. Durant cette période, chaque pays renforce ses positions dans les branches où il est excédentaire, et laisse se dégrader celles dans lesquelles il est déficitaire. Ce mouvement de spécialisation apparaît plus marqué pour les États-Unis et le Japon, que nous présenterons en premier lieu, que pour la République fédérale d'Allemagne ou la France où exportations et importations progressent souvent en parallèle.

• *Aux États-Unis :* la situation des industries exportatrices n'a cessé de s'améliorer. Tel est le cas des industries aéronautiques, des machines de bureau et de l'informatique, ainsi que des appareils de mesure et de précision. Les États-Unis exercent encore une forte domination technologique dans ces secteurs largement tournés vers l'exportation.

Les machines et équipements mécaniques, ainsi que les équipements électriques sont dans une position plus faible, bien qu'excédentaire. Pour les autres industries, le taux d'exportation est faible et le taux de pénétration très supérieur à la moyenne. C'est notamment le cas des industries textiles et de l'industrie automobile dans son ensemble. De plus en plus dominées par la concurrence étrangère, ces industries tentent de pousser les autorités à prendre des mesures de sauvegarde.

• *L'industrie japonaise :* elle est caractérisée par une faible pénétration du marché qui ne s'accroît pas au fil des ans, tandis que les taux d'exportation ne cessent de progresser. C'est le cas du matériel de transport, du matériel électronique, des machines et équipements mécaniques, de l'optique et de l'horlogerie. La chimie et le textile sont dans une position plus contrastée. L'agro-alimentaire et le papier sont plus nettement en déficit.

Ce qu'il est important de retenir de cette énumération est que les industries américaines et japonaises sont structurées autour de pôles de compétitivité qui contribuent de manière décisive à l'excédent des échanges. Ainsi au début des années quatre-vingt, cinq catégories de produits sur soixante-douze réalisent un excédent commercial équivalent à 50 % des échanges extérieurs du Japon. L'industrie japonaise est excédentaire pour tous les échanges de « produits métalliques », ceux-là mêmes qui sont au cœur de la spécialisation des grands pays.

• *La République fédérale d'Allemagne :* elle est dans une situation bien différente puisque le degré d'ouverture de ses industries est, en niveau, bien supérieur à celui des États-Unis et du Japon, traditionnellement plus fermés, l'un du fait de son vaste marché intérieur, l'autre, par tradition culturelle. Classées selon leur degré d'ouverture sur l'économie mondiale, les industries allemandes constituent trois groupes. Auparavant, rappelons toutefois que la petitesse du marché national et l'existence de la CEE favorisent d'importants courants d'échange avec les pays voisins.

Un premier groupe comprend les industries internationalisées, fortement exportatrices et importatrices, dépendant de la technologie étrangère. Il concerne le matériel de bureau et l'informatique, l'aéronautique et les chantiers navals. D'autres secteurs sont très concurrencés par les pays en développement ; il s'agit notamment du textile, des vêtements et des industries du cuir.

Un deuxième groupe rassemble les industries domestiques, plus tournées vers le marché intérieur. On regroupera dans cette classe les matériaux de construction, l'industrie du bois-papier et l'industrie agro-alimentaire.

Enfin, un troisième groupe rassemble les grandes industries exportatrices de l'Allemagne caractérisées par des taux d'exportation variant de 20 à plus de 50 %, cependant que les taux d'importation restent inférieurs à 20 %. Ces points forts sont les industries de machines mécaniques et électriques, la grosse chaudronnerie et mécanique générale, le matériel de transport terrestre, le matériel de précision et

TABLEAU X. — LA POLARISATION DES ÉCHANGES DES CINQ GRANDES ÉCONOMIES EN 1983

| | | Les cinq produits les plus excédentaires | | Les cinq produits les plus déficitaires | |
|---|---|---|---|---|---|
| États-Unis | Céréales | 9,6 | Voitures particulières | -8,4 |
| | Aéronautique | 4,9 | Cuirs, chaussures | -2,2 |
| | Moteurs | 3,4 | Articles divers | -2,0 |
| | Matériel BTP | 3,4 | Produits sidérurgiques | -1,9 |
| | Matériel informatique | 2,9 | Confection | -1,8 |
| Japon | Voitures particulières | 20,8 | Produits agricoles pour industrie | -9,7 |
| | Produits sidérurgiques | 10,4 | Minerais non ferreux | -4,4 |
| | Électronique grand public | 8,6 | Autres produits agricoles | -4,1 |
| | Véhicules utilitaires | 6,9 | Viandes et poissons | -3,7 |
| | Tubes | 5,3 | Céréales | -3,4 |
| République fédérale d'Allemagne | Voitures particulières | 5,9 | Autres produits agricoles | -5,0 |
| | Machines spécialisées | 5,3 | Produits agricoles pour industrie | -2,4 |
| | Moteurs | 3,8 | Cuirs, chaussures | -1,9 |
| | Éléments véhicules | 3,5 | Confection | -1,3 |
| | Véhicules utilitaires | 3,4 | Bonneterie | -1,2 |
| France | Céréales | 3,5 | Autres produits agricoles | -1,8 |
| | Voitures particulières | 3,0 | Produits agricoles pour industrie | -1,7 |
| | Boissons | 2,3 | Matériaux non ferreux | -1,5 |
| | Éléments véhicules | 1,4 | Viandes et poissons | -1,3 |
| | Aéronautique | 1,3 | Papier | -1,1 |
| Îles britanniques | Moteurs | 2,9 | Autres produits agricoles | -3,1 |
| | Éléments véhicules | 2,1 | Voitures particulières | -2,9 |
| | Chimie organique | 1,8 | Papier | -2,7 |
| | Pharmacie | 1,2 | Produits agricoles pour industrie | -2,2 |
| | Matériel BTP | 1,2 | Métaux non ferreux | -1,8 |

On calcule pour chaque catégorie de produits (72 produits) le solde commercial que l'on rapporte à la moyenne des échanges du pays considéré (hors énergie). Par exemple, le déficit américain en voitures particulières est de 15,3 milliards de dollars (4,3 milliards d'exportations, 19,6 milliards d'importations), la moyenne des échanges hors énergie est de 183,0 milliards (201,4 d'exportations, 164,6 d'importations) ; le déficit en voitures particulières représente donc 8,4 % de la moyenne des échanges des États-Unis.

Source : CEPII, base CHELEM : commerce international.

les industries chimiques. Les industries du transport terrestre, de la chimie et de l'optique photo-horlogerie connaissent une nette progression des importations.

L'intensité des pôles de compétitivité de la République fédérale d'Allemagne est certaine bien que moins impressionnante que ne l'est celle du Japon. L'excédent commercial associé aux cinq meilleurs produits ne représentent que 21,5 % du total des échanges commerciaux au début des années quatre-vingt contre 50 % dans le cas du Japon.

• *La France :* Les industries françaises se sont largement ouvertes sur l'extérieur au cours des années soixante-dix. Cette ouverture s'est traduite au niveau sectoriel et l'on peut distinguer trois groupes.

Les industries internationalisées déficitaires ont en commun un taux d'exportation avoisinant 30 % et un taux d'importation proche de 40 %. Pour ces industries, la France s'est insérée dans un processus de production internationalisé, mais n'est pas parvenue à retirer de cette insertion un solde commercial excédentaire. Tel est le cas du matériel informatique et des produits de l'électronique, du matériel de précision et du textile.

Les branches internationalisées excédentaires, à l'inverse des précédentes, ont des taux d'importation avoisinant 30 % et des taux d'exportation proches, voire supérieurs, à 40 % en fin de période. Il s'agit des industries aéronautiques et navales, du matériel de transport terrestre, des industries mécaniques et électriques, des industries sidérurgiques et de la chimie.

Le troisième groupe comprend les industries domestiques principalement tournées vers le marché intérieur : matériaux de construction, industries agro-alimentaires, bois-papier.

Au total, la France se caractérise par l'absence de véritables pôles de compétitivité. Contrairement au cas allemand, les industries françaises les plus compétitives n'ont pas su maîtriser leur marché intérieur. Elles se sont engagées dans une spécialisation intra-branche trop fine, à contre-courant des tendances profondes du commerce international, et ne sont pas parvenues à structurer le tissu industriel. Le poids des excédents réalisés avec les cinq meilleurs produits n'atteint que 11 %.

## 3. L'adaptation à la demande mondiale

Accroître et renouveler l'offre est la préoccupation centrale des gouvernements dans la conduite de la politique économique à moyen terme. Il faut l'accroître puisque l'insuffisance de l'offre a pour pendant la pénurie d'emplois. Il faut la renouveler puisque la qualité des appareils productifs détermine très largement les positions des différentes économies dans la compétition internationale.

A première vue, les grandes économies souffrent toutes d'un excès de capacités productives. L'actualité nous donne chaque jour l'exemple d'entreprises qui portent le poids d'unités surdimensionnées et qui cherchent à le réduire au plus vite. Nous avons tenté de mesurer ce phénomène. La comparaison des niveaux d'utilisation des capacités en 1983 avec ceux des années soixante fournit donc une évaluation des marges de manœuvre qui étaient disponibles à cette date pour un accroissement de la production sans investissement supplémentaire. Paradoxalement, il apparaît que l'Europe ne dispose pas d'une grande marge de manœuvre, ce qui infirme l'impression que nous soulignions précédemment. En revanche, les États-Unis sont en mesure de répondre facilement à une augmentation de la demande consécutive à une reprise du commerce.

On peut donc en conclure qu'il y a une différence de nature entre le sous-emploi américain et le sous-emploi européen. Aux États-Unis, l'emploi s'ajuste rapidement aux variations de la production, et une reprise peut ainsi créer beaucoup d'emplois comme on l'a d'ailleurs vu en 1983-1984. En Europe, et notamment en France, les marges de capacité étaient et demeurent moins importantes. Une reprise bute sur l'insuffisance de l'offre et se traduit d'abord par une reprise de l'inflation, par un accroissement du déséquilibre extérieur. La résorption du chômage européen

TABLEAU XI. — UNE ÉVALUATION DES MARGES
DE CAPACITÉ DISPONIBLES DANS L'INDUSTRIE
MANUFACTURIÈRE
(en %)

| | Taux d'utilisation des capacités | | | Marges disponibles en 1983 | |
|---|---|---|---|---|---|
| | Moyenne 1963-1973 | 1979 | 1983 | par rapport à 1979 | par rapport à 1963-1973 |
| États-Unis | 85,3 | 86,0 | 75,2 | 11 | 10 |
| France | 82,1 | 81,3 | 77,2 | 4 | 5 |
| République fédérale d'Allemagne | 86,3 | 84,7 | 78,4 | 6 | 8 |
| Royaume-Uni [1] | n.d. | 84,4 | 77,0 | 7 | n.d. |

1. Il n'existe pas de série de taux d'utilisation de source nationale pour le Royaume-Uni ; nous avons utilisé une série estimée par les services de la Commission européenne sur la base des enquêtes de la Confederation of British Industry ; comme la série commence en 1974, on ne peut retenir comme norme que le point 1979.

*Source :* OCDE, principaux indicateurs économiques.

exige un accroissement substantiel des capacités de production.

### L'adaptation du Japon aux conditions nouvelles de la concurrence

La comparaison des capacités de production est un premier élément de jugement du potentiel de développement des économies. Les mutations sont aujourd'hui rapides, la capacité qu'ont les nations de modifier leur structure productive en fonction de la demande est un élément majeur d'appréciation. L'ajustement entre l'offre et la demande s'effectue-t-il par la croissance ou par des réductions drastiques de capacités ? Il est en effet encore trop fréquent aujourd'hui de devoir fermer des usines modernes, ou de ne retrouver un niveau de rentabilité convenable qu'après avoir réduit fortement les capacités. Dans un cas, c'est le gaspillage des investissements qui est en cause ; dans le second, le risque est de se retrouver en période de reprise hors d'état de répondre à la demande.

La répartition de la production industrielle par branche se déforme dans tous les pays sous l'impact de la demande, des choix d'investissement qui sont faits et de la compétitivité relative des producteurs sur les différents marchés. Certaines branches ont une croissance moins forte que la moyenne, c'est le cas de l'activité de première transformation des métaux. A l'inverse, la branche « équipements électriques et électroniques » connaît dans tous les pays une croissance supérieure à la croissance moyenne des branches industrielles. Le graphique 5 présente le poids respectif de chacune des activités — l'industrie ayant été découpée en neuf branches — au sein des grandes économies.

On remarquera la rapidité avec laquelle certains pays s'adaptent, se dégagent des secteurs en déclin, connaissent une forte croissance dans les branches qui sont en adéquation avec la demande mondiale. Entre 1973 et 1982, le Japon a complètement transformé la structure de son industrie.

Les conditions dans lesquelles ces transformations ont lieu sont au moins aussi importantes que les transformations elles-mêmes. Y a-t-il eu des créations d'emplois, une augmentation du capital dans les secteurs en expansion ?

Durant les années cinquante et soixante, l'accroissement des emplois et des investissements était le cas le plus fréquent. Cette situation est devenue très rare aujourd'hui où le cas dominant est plutôt celui d'un effort d'investissement sans création d'emplois. On obtenait des gains de productivité hier en augmentant les volumes de production. On les obtient aujourd'hui par des investissements de rationalisation limitant l'embauche.

Compte tenu des transformations qui affectent la demande mondiale, il apparaît qu'un des atouts majeurs de la réussite réside dans la capacité à organiser la régression des secteurs en déclin et la progression des secteurs d'avenir. De ce point de vue, le Japon est l'économie qui réalise le développement le plus discriminant. Après une période de réorganisation

GRAPHIQUE 5. — PART DES SECTEURS DANS LA VALEUR
AJOUTÉE MANUFACTURIÈRE TOTALE EN 1973, 1979 ET 1982

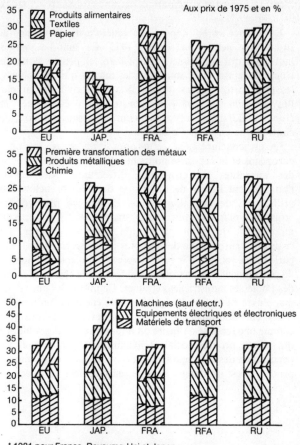

\* 1981 pour France, Royaume-Uni et Japon.
\*\* L'échelle du dernier histogramme est différente
de celle des deux premiers.

*Sources :* Bureau of Economic Analysis ; Economic Planning
Agency ; Eurostat.

marquée par une lente diminution des effectifs dans pratiquement toutes les branches, l'industrie japonaise a su trouver après 1979 une situation optimale avec des créations d'emplois presque systématiques et une croissance du stock de capital.

En France et en République fédérale d'Allemagne, la situation a peu évolué depuis 1973. Ce sont les mêmes industries qui connaissent les plus fortes progressions du stock de capital et ce sont aussi les mêmes qui connaissent les plus fortes baisses. Ainsi, il y a un engagement par l'investissement dans la construction électrique et électronique, mais il n'y a pas, contrairement au Japon, de contrepartie en termes d'emploi.

Qu'en conclure ? Si cette opposition entre les pays européens et le Japon se poursuit, elle créera pour l'avenir des modalités de croissance différentes. Au Japon, l'engagement rapide de l'industrie dans les branches peu utilisatrices de capital a permis la mise en place d'une croissance plus économe en investissement. En Europe. un mouvement de même nature n'a pas pu s'engager. La croissance européenne devient plus coûteuse en capital. On parle même souvent d'« eurosclérose » puisque les économies de ce continent sont marquées à la fois par le chômage et par des faiblesses industrielles certaines. De même, les marges de manœuvre en matière budgétaire sont généralement limitées.

L'« europessimisme » ne peut toutefois être considéré comme une réponse à l'heure où il faut inventer des solutions qui allient progrès social et dynamisme économique. La persistance des politiques macroéconomiques exagérément prudentes est un danger pour le redressement européen.

# Deuxième Partie

## *Le jeu des rapports de force*

# I / Le système énergétique

A partir des années soixante, la plupart des régions du monde et en particulier les pays industrialisés connaissent une période prolongée de forte croissance et d'amélioration du niveau de vie. Cette croissance repose pour une grande part sur un approvisionnement à bon marché en produits énergétiques. Ensuite survient la crise de 1973 qui demeure l'un des événements marquants des quinze dernières années, témoignant de l'évolution permanente des rapports de force entre pays industriels et pays en développement. Le retournement de pouvoir en faveur des pays pétroliers déstabilise les modes de gestion de l'énergie des pays occidentaux et des pays producteurs et conduit à un second choc en 1979.

### 1. La naissance d'une contrainte

Rappelons brièvement les faits qui conduisirent au « choc » pétrolier de l'année 1973.

Le pétrole fut découvert aux États-Unis, mais dès les années cinquante, ce sont les champs pétroliers du Moyen-Orient qui furent le plus intensivement exploités, ce qui poussa les compagnies pétrolières à s'internationaliser afin de maintenir leur influence à l'extérieur. Il en a résulté un développement sans précédent du commerce international d'énergie.

Comme, de fait, les pays industriels avaient un contrôle politique de ces régions, que les ressources présentaient un caractère illimité et qu'elles étaient exploitables à faible coût, les prix du pétrole furent longtemps « administrés » par les compagnies pétrolières, aux dépens, bien évidemment, du développement de ces régions. En conséquence les prix des autres énergies durent « s'aligner » sur ceux du pétrole.

Le fait nouveau, au début des années soixante-dix, qui permettra finalement aux pays de l'OPEP de récupérer le pouvoir sur leurs réserves et sur la rente pétrolière, vient des pays industriels eux-mêmes. Les réserves du Moyen-Orient apparaissaient insuffisantes pour répondre à l'accroissement massif de la demande. Les compagnies internationales décidèrent donc de mettre en production les gisements à coût beaucoup plus élevés découverts en Alaska et en mer, essentiellement en mer du Nord. A partir de là, les États-Unis encouragèrent la hausse des prix du pétrole du Moyen-Orient afin qu'ils s'alignent sur les coûts de ces nouveaux gisements et qu'ainsi ils deviennent rentables. Parallèlement, les changements politiques dans le monde arabe ont permis à certains producteurs (Algérie, Irak...) de récupérer le contrôle de leur production. Ils seront rapidement imités par d'autres.

L'embargo de 1973 accéléra et amplifia la hausse des prix. Cette rupture s'accompagna de la fin du contrôle de toute la filière pétrolière — production de brut, transport, raffinage, distribution — par les compagnies internationales.

Laissons maintenant les faits pour tenter une analyse quantifiée.

Avec l'assurance d'un approvisionnement en énergie abondant, adéquat et à bon marché, les pays industriels choisissent un mode de développement fondé sur une forte consommation d'énergie, aussi bien dans la production industrielle que dans la consommation individuelle des secteurs résidentiels et des transports.

Entre 1965 et 1973, la consommation mondiale d'énergie augmente de 43 %, soit 4,6 % par an en moyenne. Malgré des différences assez considérables entre pays le taux d'augmentation de la consommation d'énergie est le même en moyenne dans toutes les grandes régions du monde.

TABLEAU XII. — LES PRINCIPAUX ACTEURS DE LA SCÈNE ÉNERGÉTIQUE MONDIALE EN 1980
(en Mtep[1])

| | Producteurs | Exportateurs nets | Importateurs nets | Consommateurs [3] |
|---|---|---|---|---|
| Énergie totale | 1. États-Unis 1 438<br>2. URSS 1 334<br>3. Arabie Saoudite 502<br>4. Chine 422<br>5. Canada 193 | 1. Arabie Saoudite 474<br>2. URSS 214<br>3. Irak 126<br>4. Venezuela 96<br>5. Nigeria 95 | 1. Japon 304<br>2. États-Unis 295[2]<br>3. France 151<br>4. RFA 147<br>5. Italie 121 | 1. États-Unis 1 630<br>2. URSS 1 022<br>3. Chine 400<br>4. Japon 296<br>5. RFA 242 |
| Pétrole | 1. URSS 603<br>2. Arabie Saoudite 489<br>3. États-Unis 424<br>4. Irak 133<br>5. Venezuela 114 | 1. Arabie Saoudite 469<br>2. URSS 158<br>3. Irak 126<br>4. Venezuela 96<br>5. Nigeria 95 | 1. États-Unis 317[2]<br>2. Japon 240<br>3. RFA 119<br>4. France 113<br>5. Italie 99 | 1. États-Unis 670<br>2. URSS 348<br>3. Japon 187<br>4. RFA 109<br>5. France 92 |

1. Énergies nucléaire, hydraulique et géothermique comptées en équivalent calorifique.
2. Les États-Unis sont exportateurs nets de charbon.
3. Consommation finale.

*Source* : ONU, Annuaire des statistiques mondiales de l'énergie 1980.

Les pays développés à économie de marché consommaient 63 % de l'énergie produite dans le monde en 1963. Ce ratio sera identique en 1973 et sa valeur déclinera à 57 % en 1980. Les pays en développement connaissent successivement des rapports de 8 %, 9 % et 12 % tandis que la consommation des pays à économie planifiée croît puisqu'elle passe de 28 % à 31 % entre 1973 et 1980 après avoir été de 29 % en 1965.

La part du pétrole consommé est variable et dépend naturellement de la disponibilité en sources d'énergie alternatives, gaz ou charbon. Mais entre 1965 et 1973, le marché de l'énergie est caractérisé par une importante substitution du pétrole au charbon. La production de pétrole augmente de 79 % entre 1965 et 1973, celle du charbon stagne. En 1973, la part du pétrole dans la consommation d'énergie est de 45 % en Amérique du Nord, de 60 % en Europe de l'Ouest, 77 % au Japon, 65 % dans les pays en développement contre 29 % seulement dans le cas des économies planifiées. Le faible prix de cette énergie justifie cette politique de substitution qui placera toutefois les pays industrialisés dans une situation de dépendance périlleuse.

Les échanges quant à eux augmentent régulièrement. En 1965, 26 % de l'énergie consommée sont exportés. En 1973, ce ratio atteindra 38 %. Cette augmentation placera l'OPEP dans une position de force exceptionnelle qu'elle saura utiliser. Jusqu'en 1973, tous les pays consommateurs ont connu une augmentation considérable de leur dépendance énergétique extérieure.

*Les spécificités du marché pétrolier*

Le marché pétrolier est un marché à part. Pour le caractériser, plusieurs remarques doivent être faites.

• La situation du marché de la plupart des matières premières est caractérisée par une prépondérance de l'offre sur la demande. Jusqu'à une période récente, le marché pétrolier était marqué par une prépondérance de la demande sur l'offre.

• D'autre part, il apparaît que le prix du pétrole aura toujours un rôle directeur au sein de la famille des produits énergétiques. En effet, le pétrole représentera toujours une part importante de la consommation. Relativement aux autres énergies, il présente la particularité d'être relativement rare ; son utilisation est des plus variées et le volume d'offre présente une flexibilité que n'ont pas les autres sources énergétiques.

• Par ailleurs, rappelons que la plupart des réserves sont situées dans les pays du Sud. Les pays de l'OPEP disposent de plus de 50 % des réserves mondiales, des pays comme l'Iran ou le Koweit peuvent produire pendant encore plus d'un siècle s'ils maintiennent le même rythme de production. Mais à l'intérieur de l'OPEP, les situations politiques démographiques et économiques sont toutefois très diverses.

• Enfin, la fixation des prix du pétrole obéit à des règles tout à fait particulières. Depuis 1973, et jusqu'à l'affaiblissement du poids de l'OPEP, les prix auxquels s'échange le pétrole sont le résultat d'interactions entre la stratégie des exportateurs, la stratégie des compagnies internationales et l'évolution du niveau de la demande. Schématiquement la situation est la suivante.

L'OPEP fixe le prix officiel du brut de référence en même temps qu'elle se trouve offrir sur le marché un certain niveau de production. Si, pour ce prix officiel, la demande tend à être supérieure à l'offre, le désajustement se révèle sur le marché libre où les prix spot — ceux du marché libre — viennent à dépasser les prix officiels. Si l'OPEP ne comble pas ce désajustement — qu'elle n'en ait pas la volonté ou la possibilité — et si le déstockage pouvant être opéré par les compagnies est insuffisant, les prix officiels tendent à rattraper les prix spot. Ce fut le cas en 1973 et c'est aussi ce qui provoqua le second « choc » de 1979.

En sens inverse, si pour un niveau donné du prix officiel, la demande tend à être inférieure à l'offre, les prix spot vont s'établir au-dessous des prix officiels. Si le rééquilibrage ne s'effectue pas par une augmentation des stocks des compagnies pétrolières, l'OPEP peut laisser diminuer les prix officiels, soit opérer elle-même à l'ajustement des volumes. La persistance d'une telle situation présente toutefois le risque d'un éclatement de l'organisation.

## 2. Que s'est-il passé depuis 1980 ?

Les six dernières années ont été marquées par des changements radicaux de la situation énergétique mondiale. Deux faits majeurs sont à retenir : la consommation d'énergie s'est notablement réduite et la place de l'OPEP au sein des producteurs a nettement diminué.

Pour expliquer cette dernière évolution, il faut tenir compte de l'augmentation de la production des pays du tiers monde qui, comme on le voit dans le tableau XIII est importante.

TABLEAU XIII. — BILAN PÉTROLIER MONDIAL EN 1979 ET 1983
(En millions de barils/jour)

| | *1979* | | |
|---|---|---|---|
| | *Production* | *Imp. nettes (+)* *Exp. nettes (−)* | *Consommation* |
| OCDE | 14,7 | + 26,5 | 41,2 |
| PVD hors OPEP | 5,2 | + 3,0 | 8,2 |
| OPEP | 31,9 | − 29,3 | 2,6 |
| URSS et Europe centrale | 12,1 | − 1,1 | 11,0 |
| Chine | 2,1 | − 0,3 | 1,8 |
| Monde | 66,0 | − 1,2* | 64,8 |
| | *1983* | | |
| OCDE | 15,6 | + 16,7 | 32,3 |
| PVD hors OPEP | 7,6 | + 0,4 | 8,0 |
| OPEP | 18,5 | − 15,5 | 3,0 |
| URSS et Europe centrale | 12,9 | − 1,9 | 11,0 |
| Chine | 2,0 | − 0,3 | 1,7 |
| Monde | 56,6 | − 0,6 | 56,0 |

\* Y compris liquides de gaz naturel.

*Sources :* Estimation à partir de différentes sources : OCDE, FMI, ONU, Petroleum Economist, CIA, etc. Les divergences les plus importantes entre les diverses sources portent sur la ligne des PVD hors OPEP. Cependant, toutes indiquent une réduction de la consommation en 1983 par rapport à 1979.

Après avoir augmenté de 2,7 % par an entre 1973 et 1979, la consommation mondiale a ensuite baissé chaque année. Cette réduction s'est concentrée sur la consommation pétrolière qui se trouve en 1983 à un niveau inférieur à 14 % du niveau atteint en 1979. La consommation des pays de l'OCDE est passée de 41,2 millions de barils/jour en 1979 à 32,3 en 1983. Ces résultats s'expliquent par la conjonction de trois effets qu'il est important de distinguer.

D'une part, il faut tenir compte du ralentissement de la croissance dont on estime qu'elle a réduit la consommation de 9,3 millions de barils/jour par rapport aux tendances de l'époque précédente.

D'autre part, la crise a modifié la structure de la production dans les pays consommateurs. Il y a eu une réorientation de l'activité au profit des industries faiblement consommatrices d'énergie et des services qui eux aussi tendent à réduire la consommation. En termes techniques, on parlera d'une réduction de l'intensité énergétique, ce qui signifie qu'en 1986, par exemple, la production d'une unité de PIB requiert moins d'énergie qu'il n'était nécessaire d'en fournir en 1973.

Enfin, et c'est le dernier facteur explicatif, de nombreuses substitutions ont eu lieu, les programmes nucléaires par exemple, ce qui a réduit fortement la consommation pétrolière.

Au total, grâce aux économies d'énergie et aux progrès de la substitution au pétrole d'énergies alternatives, les pays de l'OCDE sont parvenus dans leur ensemble à réduire leur dépendance à l'égard des importations pétrolières sur une période durant laquelle le prix du pétrole a eu tendance à baisser. Cependant, si l'avantage immédiat que les producteurs tirent de factures pétrolières allégées est incontestable, les transformations qui viennent de se produire mettent en porte à faux les stratégies établies sur des perspectives bien différentes de celles qui prévalent aujourd'hui. Les politiques énergétiques des pays industrialisés accordaient la priorité à la sécurité des approvisionnements ; maintenant, la recherche d'approvisionnement au meilleur prix tend à reprendre la première place.

### L'affaiblissement du poids de l'OPEP

Le second fait significatif concerne la réduction de la production de l'OPEP qui produisait encore près de la moitié du pétrole brut mondial en 1979. Elle en produit moins du tiers en 1983. La dépendance des pays industriels vis-à-vis de l'OPEP s'est donc notablement réduite. Rappelons que l'objectif des pays industrialisés était double : il fallait, d'une part, dépendre moins d'une organisation de producteurs, échapper au pouvoir d'un « cartel » ; et, d'autre part, dépendre moins des pays du Golfe où des secousses politiques sont toujours possibles.

Les résultats sont éloquents. La production mondiale a diminué de 9,4 millions de barils/jour entre 1979 et 1983, celle de l'OPEP de 13,4 millions. Le volume des exportations de l'OPEP est passée de 29,3 millions de barils/jour en 1979 à 15,5 en 1983. Le pétrole brut de l'OPEP fournissait en 1979 un peu plus du quart de la demande énergétique totale des pays de l'OCDE ; en 1983, cette dépendance est réduite de moitié. Les revenus pétroliers de l'OPEP, qui avaient atteint 281 milliards de dollars en 1980, sont tombés à 158 milliards en 1983.

L'évolution de la production des pays du Sud s'accompagne parfois, comme en Corée ou au Brésil, d'un important développement de substituts au pétrole. Cependant, et contrairement aux pays de l'OCDE, les progrès réalisés par les pays en développement dans la réduction de leur dépendance énergétique résultent essentiellement de la progression de leur production pétrolière. En effet, en ce qui concerne la demande, les résultats enregistrés ces dernières années — croissance sensiblement ralentie de la consommation d'énergie commerciale, réduction de la consommation pétrolière — sont davantage imputables aux effets de la récession économique qu'à des économies d'énergie. Lorsque l'on parle de l'énergie dans les pays en développement, il ne faut pas non plus oublier le rôle considérable que joue l'énergie non commerciale (bois de feu, etc.) dans certains pays puisque celle-ci peut représenter 80 % de la consommation totale. Son usage intensif représente un coût social exorbitant.

Là encore, quels sont les résultats ? Quelle a été la progression des pays du Sud ? La part dans la production mondiale des pays en développement, inférieure à 8 % en 1979, est passée à 13,5 % en 1983, celle du Mexique a doublé entre ces deux dates, atteignant 3 millions de barils/jour à la fin de la période. Ils comptent maintenant une trentaine de producteurs dont une quinzaine d'exportateurs nets. Mais de nombreux efforts restent à accomplir en ce qui concerne la prospection et de nombreux pays non producteurs ont encore à leur disposition un potentiel non exploité.

## II / Le système monétaire

Il est couramment accepté que la valeur internationale d'une monnaie, son taux de change, soit un bon indicateur de la santé d'une économie. On admettra aisément qu'un principe de cohérence doit être respecté entre la quantité de biens qui circule à l'intérieur d'une économie et les signes monétaires qui correspondent aux biens produits. S'il y a « inflation » de signes monétaires, la monnaie perd de son pouvoir d'achat à l'intérieur comme à l'extérieur.

Nous verrons dans ce chapitre que ce jugement mérite toutefois d'être nuancé vu le nombre de facteurs qui interviennent dans la définition d'un taux de change.

De façon tout aussi classique, on reconnaîtra aussi qu'une « bonne » monnaie remplit trois fonctions : elle est une unité de compte et permet donc d'évaluer la richesse ; elle est l'instrument de réserve de la valeur sans lequel l'acte d'épargne serait vain ; elle est enfin un moyen d'échange.

De 1949 au 15 août 1971, le système monétaire international a fonctionné dans le respect d'une règle : une certaine quantité d'or définissait la valeur du dollar (1 dollar = 1/35e d'once d'or) et l'ensemble des monnaies étaient définies par rapport à la monnaie américaine. C'est le fameux système de Bretton Woods.

En 1971, les États-Unis décidèrent unilatéralement de rendre le dollar inconvertible en or. Le système monétaire perd donc son point d'ancrage, sa parfaite structure hiérarchique. Comme aucune monnaie n'est en mesure de se substituer au dollar, ce sont les seules forces du marché qui, à compter de cette date, détermineront le cours des principales monnaies occidentales.

Une autre date est à retenir pour rendre compte de l'histoire monétaire contemporaine : à la fin de l'année 1979, la politique monétaire américaine change d'orientation. Les taux d'intérêt « réels » — c'est-à-dire calculés déduction faite de l'inflation — longtemps négatifs deviennent positifs.

*A priori*, seule la perte de compétitivité de l'économie américaine justifiait la décision de 1971, et il était salutaire qu'une solution soit trouvée puisque les États-Unis ne pouvaient soutenir plus longtemps une monnaie surévaluée. *A posteriori*, une autre interprétation doit être avancée : le choc pétrolier a eu pour conséquence d'aggraver les déséquilibres des balances des paiements. C'est incontestablement grâce à une flexibilité accrue du système monétaire qu'a pu être absorbé le choc et l'on peut donc considérer que le système a su évoluer à temps. La règle du jeu a cependant été complètement transformée, une autre économie monétaire internationale se mettait en place.


## 1. Le développement d'une économie d'endettement

Rappelons que la plupart des pays développés exportent ou importent des biens ou des matières premières, des services et des capitaux (ces derniers pouvant correspondre à des investissements ou des achats de bons du Trésor) en quantité considérable. Des déséquilibres extérieurs importants se sont accumulés au cours des années soixante-dix. Des pays ont eu des excédents de capitaux du fait de leur faible capacité d'absorption : c'est le cas des pays de l'OPEP qui ne pouvaient consommer en proportion de leurs revenus. D'autres pays, au contraire, ont connu d'importants déficits (pays d'Amérique latine notamment) et se sont lancés dans un programme d'industrialisation accélérée.

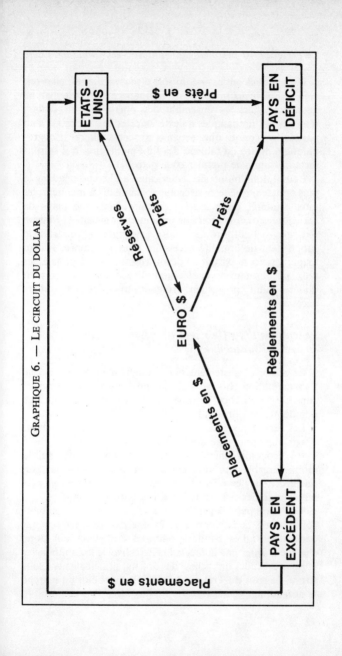

GRAPHIQUE 6. — LE CIRCUIT DU DOLLAR

Les banques ont assuré un rôle d'intermédiaire ; elles ont créé de nouveaux instruments de financements et le marché des eurodollars — ensemble des opérations en dollars réalisées par les banques à l'extérieur des États-Unis — a en particulier connu une expansion spectaculaire. Le graphique 6 dresse un tableau des flux monétaires qui se sont instaurés après le premier choc pétrolier.

La politique monétaire américaine a cherché pendant la plus grande partie de la décennie soixante-dix à maintenir les taux d'intérêt du marché monétaire dans une plage de variation étroite. Lorsqu'une tension apparaissait, la Réserve fédérale — l'autorité monétaire américaine — injectait le supplément de liquidité nécessaire pour la réduire. Aucun risque sérieux n'existait de devoir refinancer des prêts à des taux pénalisateurs ; la décision d'accorder des prêts en dollars étant prise, on trouvait toujours les dollars nécessaires.

### Et seuls les États-Unis sont en mesure de redonner au système sa stabilité

Ce mode d'ajustement par l'endettement a permis que l'augmentation brutale de la propension à épargner, consécutive au choc pétrolier, n'ait pas pour conséquence une dépression profonde.

Les États-Unis étaient dans une position leur permettant d'agir ainsi pour une double raison.

• L'économie américaine était à l'époque celle qui était la moins sensible aux mouvements du taux de change. Son ouverture sur l'extérieur était relativement faible et une part importante des prix était fixée directement en dollars.

• D'autre part, la pression à la baisse du dollar a eu pour contrepartie la pression à la hausse des autres monnaies occidentales. Les banques centrales étrangères ont donc cherché à éviter une appréciation excessive de leurs monnaies et pour cela elles ont acheté des dollars, principalement sous forme de bons du Trésor, chaque fois que l'état du marché le nécessitait.

Ainsi et paradoxalement, le développement de l'économie d'endettement, géré par le réseau bancaire privé international, a été rendu possible par une intervention croissante des autorités monétaires publiques.

*Au début des années quatre-vingt, le système monétaire international connaît une nouvelle mutation...*

Ce sont les débiteurs qui tout d'abord ont bénéficié du système d'économie d'endettement qui s'est développé après 1971. Cette situation déséquilibrée ne tarda pas à être remise en cause et au seuil des années quatre-vingt les créditeurs ont repris l'initiative. Trois éléments sont à retenir : deux ont trait à l'évolution du marché privé, le dernier est le produit du revirement de la politique monétaire américaine, et tous sont liés entre eux. Ils conduisent à la hausse des taux d'intérêt et provoquent une hausse sans précédent du dollar.

• A la fin des années soixante-dix, le marché américain se caractérise par le développement de nouveaux produits financiers. Les banques peuvent facilement se refinancer auprès de l'institut d'émission, mais, du fait de l'inflation, les rémunérations des dépôts se révèlent souvent négatives. En conséquence, les banques privées se doivent d'inventer de nouveaux produits financiers apportant aux créanciers une plus grande rentabilité.

• Se développent aussi des opérations de prêts internationaux effectuées à partir du territoire américain. La création d'un centre *off-shore*, situé à New York mais bénéficiant d'un régime juridique spécial d'extraterritorialité, facilite ce nouveau développement.

• Enfin, et surtout, la Réserve fédérale modifie sa politique. Elle abandonne l'objectif de stabilité des taux d'intérêt au profit d'un objectif de contrôle de la liquidité bancaire. Plutôt que d'agir sur les taux afin qu'ils restent bas et contribuent au développement des entreprises par des opérations de prêts, la Réserve fédérale accepte le risque de faillites d'entreprises, mais veille à ce que la masse monétaire ne croisse pas trop vite. C'est un changement de doctrine autant qu'une mesure technique puisque l'on cède ainsi aux thèses des monétaristes selon lesquelles cette politique est la seule qui puisse réduire l'inflation.

*... qui redonne aux pays européens une certaine indépendance monétaire et qui en entraîne d'autres dans le gouffre de l'endettement*

Ce revirement de la politique des autorités monétaires eut des conséquences dramatiques pour nombre d'entreprises américaines. Nous nous limiterons ici à énoncer les deux conséquences majeures que cette mesure a eues pour l'économie internationale.

En premier lieu, la hausse des taux d'intérêt et du dollar entraîna une forte déflation pour les pays ayant mal maîtrisé l'inflation interne. Par ailleurs, elle s'accompagna aussi d'un alourdissement de la charge des intérêts pour les pays du tiers monde. Le « problème de la dette du tiers monde » était né.

Paradoxalement, cette montée en puissance du dollar a accru l'autonomie des autres monnaies. Les trois fonctions de la monnaie que nous rappelions en début de chapitre sont aussi trois des mobiles pour lesquels les agents souhaitent détenir une monnaie. Il est généralement admis que les agents économiques, prudents, tendent à diversifier leur patrimoine afin de limiter le risque lié à la détention d'un seul avoir. Cette fonction était dévolue au yen et au deutschemark. L'appréciation du dollar aurait donc du se traduire par leur rejet au profit du dollar.

On assistera en fait à l'évolution inverse, pour partie parce que le mark est un substitut d'une monnaie européenne encore à créer, pour partie parce que, consécutivement à l'abolition du contrôle des changes japonais, de plus en plus de contrats sont libellés directement en yen. Un second paradoxe de la période récente mérite ainsi d'être souligné : le renforcement du rôle du dollar s'est traduit par un renforcement de l'autonomie de la zone monétaire européenne.

## 2. L'économie endettée

Le premier choc pétrolier est en partie responsable des événements que nous venons de décrire. La réaction au second choc pétrolier a été différente. Deux éléments nouveaux sont intervenus, concernant respectivement les politiques économiques et l'énergie.

Les politiques économiques ont généralement été plus restrictives qu'après le premier choc. La redéfinition de la politique monétaire américaine s'est traduite par une montée des taux d'intérêt nominaux ; l'inflation a été jugulée, mais au prix d'une récession plus longue et plus profonde qu'après le premier choc.

Dans le domaine énergétique, le potentiel d'économies sur la consommation s'est manifesté au grand jour, alors même que de nouvelles productions se développaient. La position de l'OPEP a ainsi été affaiblie. L'excédent courant des pays qui la constituent a été résorbé en moins de trois années (contre cinq après le premier choc). L'avenir paraît maintenant relativement serein. Il paraît, en effet exclu que l'on puisse enregistrer une nouvelle hausse brutale du prix du pétrole avant la fin des années quatre-vingt.

*Des gouvernements endettent massivement leurs économies auprès du reste du monde*

Les années 1981-1983 marquent donc un nouveau tournant. En effet, la quinzaine d'années qui vient de s'écouler peut être découpée en trois périodes.

• Avant le premier choc pétrolier, les désajustements monétaires internationaux sont faibles, les pays du Sud tout comme ceux de la zone Est sont peu endettés.

• De 1974 à 1980, l'endettement des zones déficitaires (certains pays industriels du Sud, et les économies socialistes) s'accroît à un rythme très rapide. Les pays du Golfe fournissent alors 80 % de la contrepartie des déficits mondiaux. Ils jouent pour un temps le rôle de créditeurs structurels.

• Les années 1981-1983 inaugurent une nouvelle étape. Le besoin de financement total des régions structurellement débitrices dépasse largement les 200 milliards de dollars sur trois ans, malgré le désendettement des pays de l'Est et la réduction sensible du déficit des économies endettées de l'OCDE. La raison en est une accentuation du déficit courant des pays du Sud dont l'endettement progresse, en rythme annuel, beaucoup plus vite qu'au cours de la période 1974-1980.

Ces pays n'ont pas réalisé instantanément l'ajustement draconien qu'imposait la récession mondiale. Dès lors, la hausse des taux d'intérêt a eu pour eux un effet pervers : elle a fait croître leur besoin de financement.

Cet endettement de détresse a accentué ainsi l'appel à l'épargne mondiale. Des déficits ont même été enregistrés au sein de l'OPEP. D'un coté, donc, la demande est très forte.

De l'autre, les tensions sont sévères. A cette inertie du comportement des régions endettées s'oppose en effet un renversement des rôles entre régions créditrices. Les surplus des pays du Golfe, qui étaient de 40 milliards de dollars par an sur la période 1974-1980, tombent pratiquement à zéro du fait de l'affaiblissement de la demande de pétrole adressée à l'OPEP. Il est même négatif depuis 1983. Dans ces conditions, c'est aux grands pays industriels de l'OCDE qu'il appartient de dégager les surplus qui sont la contrepartie des déficits persistants des pays du Sud, pays pétroliers inclus.

### Il n'y a plus de créditeur spontané

Toute la difficulté de la situation actuelle est qu'il subsiste dans l'économie mondiale un ensemble de débiteurs structurels, mais qu'il n'y a plus de créditeur spontané. Cette situation est donc rigoureusement inverse de celle qui prévalait pendant les années 1974-1980. Après le premier choc pétrolier, les pays du Golfe étaient prêts à fournir des excédents pourvu que, en contrepartie, d'autres zones acceptent de s'endetter.

Du point de vue des régions industrielles, le retournement intervenu peut se résumer de la manière suivante. Entre 1974 et 1980, les pays pétroliers prélevaient sur l'économie mondiale — et en particulier sur les pays industriels — des revenus en progression constante, dont une part était prêtée ensuite aux régions débitrices. Depuis le début des années quatre-vingt, par leur effort vers l'autonomie énergétique, les pays occidentaux ont pu alléger ce tribut pétrolier. (Il est cependant important de noter que cet effort sera moins intense avec un prix du pétrole bas.) Cela ne les dispense toutefois pas de transférer vers le reste du monde du pouvoir d'achat : au lieu seulement que ce pouvoir d'achat soit donné à l'OPEP en échange de pétrole, il doit maintenant être prêté directement aux pays débiteurs. Dans un cas, le problème posé était de maîtriser les conséquences macroéconomiques du prélèvement. Comment faire pour qu'il ne pénalise pas trop les entreprises ? Comment faire pour que la hausse du prix du pétrole ne développe pas l'inflation et le chômage dans les pays industriels ? Dans l'autre cas, c'est-à-dire maintenant, il faut créer des conditions qui permettent de dégager l'épargne financière nécessaire.

### 3. Faire face à l'endettement

Dans cette section, nous examinerons les ressources dont disposent les pays de l'OCDE pour faire face à l'endettement. La politique monétaire américaine, nous le verrons, impose des limites aux politiques budgétaires européenne et japonaise. Nous tâcherons ensuite de dresser un rapide bilan de la situation des pays endettés. Quelle est leur part de responsabilité dans la crise de l'endettement ?

De même que, par le passé, la difficulté et l'intensité du prélèvement pétrolier ont été différentes dans chacun des grands pays industriels, de même sont différentes aujourd'hui les conditions dans lesquelles chacun d'entre eux peut dégager les surplus financiers nécessaires aux transferts évoqués précédemment.

Jusqu'en 1980, l'excédent de plus en plus modeste dégagé par les grands pays industriels de l'OCDE recouvrait une répartition assez stable des excédents et déficits des balances des paiements. Le déficit américain, dont le cumul sur la période 1967-1980 représente quelque 40 milliards de dollars, était plus que compensé par les excédents des autres pays, au premier rang desquels figuraient le Japon et la République fédérale d'Allemagne.

Les années 1981-1982 ont été marquées par une récession. L'important excédent des grands pays de l'OCDE durant cette période a résulté de la conjonction d'un renversement de la position américaine et d'une accentuation de celle des pays déficitaires. La récession s'est en effet traduite par une baisse des taux d'investissement, ce qui a réduit le besoin de financement des entreprises. La hausse des taux d'intérêt, rendue possible par la nouvelle politique monétaire américaine, a en outre aggravé la chute de l'investissement logement des ménages et a considérablement réduit leurs emprunts. De ce fait, les secteurs privés des grandes économies industrielles ont dégagé le surplus financier nécessaire pour financer à la fois les déficits budgétaires et les déficits des pays endettés.

*La République fédérale d'Allemagne et le Japon doivent limiter la progression de leurs déficits publics pour équilibrer les flux monétaires internationaux*

Dans une telle situation, la reprise — et elle eut lieu en 1983 — génère des tensions puisqu'elle entraîne un accroissement des besoins de financement, tant des ménages que des entreprises, au sein des grandes économies occidentales. Dans ces conditions, le Trésor public américain risque de ne pas trouver les ressources financières dont il a besoin puisque la demande de crédits de la part des régions structurellement débitrices reste forte. La République fédérale d'Allemagne et le Japon — seuls pays qui disposent d'une marge d'action — sont alors contraints à la limitation de leurs déficits publics.

Nous sommes donc maintenant dans une situation de tension où à l'excès d'épargne succède son insuffisance potentielle. Cette tension aurait pu se dénouer par l'inflation, la dévalorisation des patrimoines et des dettes. Dans la mesure, toutefois, où les politiques économiques, et en tout premier chef la politique monétaire américaine, visent à consolider la désinflation, c'est par le maintien de taux d'intérêt élevés que s'opère l'ajustement. Ce dernier est passé d'abord par une éviction partielle, dans l'ensemble des pays de l'OCDE, de la demande privée, puis par une pression continue sur les politiques budgétaires des pays européens et du Japon, et un renforcement des contraintes d'ajustement sur les pays endettés.

## 4. Une nouvelle donne monétaire internationale

Le taux de change ne représente plus la qualité de l'insertion d'une économie dans l'ensemble mondial. C'est l'enseignement essentiel qu'il nous faut retenir des évolutions contradictoires des dernières années. Voyons pourquoi il en est ainsi.

• Les progrès de l'endettement ont transformé les mécanismes de l'alimentation en liquidités du système monétaire international, les crédits et les dépôts des eurobanques par exemple — banques qui opèrent en dollars à partir d'Europe — ont considérablement gonflés. De plus de 100 milliards de dollars en 1974, ils passent à plus de 500 milliards en 1983. C'est donc des sommes considérables qui aujourd'hui sont « liquides » et de ce fait l'instabilité financière internationale s'est accrue. Les conséquences sur les changes d'éventuels déplacements dans la composition des patrimoines financiers, entre les actifs libellés en dollars et les actifs libellés en autres devises, deviennent de plus en plus importantes.

• Ces déplacements, lorsqu'ils expriment des modifications dans la psychologie du marché en réaction aux événements les plus divers — tel « l'effet Reagan » au début des années quatre-vingt —, ne sont généralement pas accommodés par les banques centrales qui ne souhaitent ou ne peuvent pas réagir. La perturbation financière provoquée par cette substitution de portefeuille se répercute dès lors sur le marché des changes et peut se traduire par un déplacement intense de la préférence pour les actifs en dollars. Si, dans le même temps, la politique monétaire américaine demeure rigidement fixée sur ses objectifs internes, il s'ensuivra une hausse générale du dollar contre toutes devises. Ainsi, l'intégration financière internationale provoque-t-elle une interdépendance des demandes de monnaie entre les pays à devises convertibles.

Dès lors que les politiques monétaires prétendent demeurer indépendantes, cette interdépendance des demandes contribue à engendrer une distorsion des taux de change réels qui peut être d'autant plus forte que les masses susceptibles de se déplacer sont importantes.

• Enfin, depuis 1979, c'est sur le marché américain que sont confrontés les besoins et les capacités de financement de l'ensemble des prêteurs et emprunteurs. Les banques y viennent pour placer leurs réserves ou pour chercher les refinancements dont elles ont besoin. Dans la mesure où la FED impose désormais à ce marché une contrainte rigoureuse d'alimentation en monnaie banque centrale, elle empêche que les tensions qui apparaissent se résolvent en inflation et les force à s'exprimer par une hausse des taux d'intérêt.

Celle-ci a deux effets convergents : d'une part, cela incite les agents détenteurs de revenus en dollars à accroître leurs surplus financiers ; d'autre part, cela incite les agents détenteurs de surplus financiers à les convertir en dollars, d'où une pression à la baisse sur les taux de change des devises affectées par ce mouvement.

C'est dans les taux d'intérêt sur le dollar que s'expriment aujourd'hui les tensions qui peuvent apparaître dans la réalisation de l'équilibre entre épargne et investissement au niveau mondial. La politique monétaire de la FED a désormais une influence directe sur le cours des monnaies de la plupart des pays industrialisés.

*Les taux de change sont de plus en plus déterminés*
*par des facteurs financiers*

Quelle est la conséquence de cette nouvelle donne monétaire ? Jusqu'à maintenant, le taux de change était un indicateur de la bonne ou de la mauvaise insertion d'une économie. Il existait une relation structurelle, qui a joué de façon statistiquement significative au cours des trente dernières années et qui voulait qu'à mesure du développement des nations — mesuré de façon relative, en rapportant par exemple le PIB par tête à celui de la moyenne des pays à économie de marché — le taux de change s'améliore lorsque s'améliorait la position des économies dans la division internationale du travail. L'appréciation de la valeur des changes reflétait donc l'aptitude des pays à valoriser favorablement leur production, de marchandises ou de services, dans l'échange international.

La confrontation des mouvements du dollar depuis 1971 et de l'évolution qui aurait été conforme à cette relation structurelle montre que la devise américaine a été fortement sous-évaluée après le milieu des années soixante-dix. Paradoxalement, depuis 1980, la montée du dollar s'est en effet accompagnée d'une amélioration de la balance courante des États-Unis dans une première phase, puis elle s'est poursuivie tandis que le solde diminuait. Le dollar s'est ensuite maintenu à son plafond contre toutes les devises excepté le yen, alors que la balance courante américaine connaissait un déficit historique.

Les variations réelles du dollar, depuis la fin du système de Bretton Woods sont très amples alors même que le niveau relatif de développement est pratiquement constant. Aussi il n'y a plus aucune raison de penser que le niveau acquis aujourd'hui, sous l'influence de facteurs essentiellement financiers, soit un niveau d'équilibre réel.

# Troisième partie :

## Des politiques économiques contraintes

# I / Les désinflations contraintes

Ample et général, le mouvement de désinflation observé depuis trois ans marque un tournant majeur des économies industrielles. Pour la première fois depuis près de deux décennies, le ralentissement de l'inflation semble en effet être plus qu'un répit limité dans le temps et l'espace, qu'expliqueraient une récession ou la mise en œuvre temporaire d'une politique de refroidissement. Cependant, l'idée d'une évolution structurelle peut être contestée et l'on peut mettre en avant le caractère réversible ou conjoncturel d'un certain nombre de facteurs qui ont favorisé la désinflation : l'exceptionnelle longueur de la récession et le niveau atteint par le chômage, les baisses de prix du pétrole et des matières premières ainsi que, pour certains pays, les mouvements de parité.

L'examen détaillé des conditions dans lesquelles s'est opérée la désinflation dans les cinq grandes économies industrielles conduit à souligner la diversité des processus nationaux par lesquels elle s'est faite. Appréciation ou dépréciation du taux de change, freinage ou rigidité des salaires réels, redressement ou stabilité des gains de productivité du travail : si le recul de l'inflation est un phénomène général, ses modalités et ses coûts sont propres à chaque économie. Par là même le jugement qui peut être porté sur la solidité des acquis ne saurait être uniforme.

### 1. L'inflation dans les économies industrielles

Aux hésitations de la productivité et aux tensions sur les différents marchés aux États-Unis correspond l'inflation des années soixante. Celle du début des années soixante-dix se déroule dans un climat de hausse salariale, de flottement des changes et de chocs pétroliers. Enfin, la chute des cours des matières premières, et, plus récemment, du prix du pétrole annonce une nouvelle époque d'inflation modérée.

Comme on le voit sur le graphique ci-dessous, les ruptures sont brutales.

GRAPHIQUE 7. — L'INFLATION DANS LES ÉCONOMIES INDUSTRIELLES

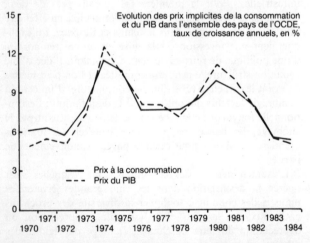

*Source :* Comptes nationaux de l'OCDE. Prévision OCDE pour 1984.

Il est à noter que cet envol de l'inflation n'a pas eu que des inconvénients. Dès lors que son rythme est anticipé différemment par les agents économiques et tant que l'indexation n'est pas un phénomène généralisé, certains agents gagnent et d'autres perdent au jeu de l'inflation.

L'État, par ce moyen, peut rembourser moins qu'il n'a emprunté. Les concessions qui ont été faites aux salariés peuvent être récupérées par les entreprises en augmentant d'autant les prix, et donc en faisant baisser le pouvoir d'achat.

Le même mécanisme se reproduit au niveau international. L'inflation mondiale a permis une réduction du prix réel du pétrole en même temps qu'elle induisait une dévalorisation accélérée des créances de l'OPEP rémunérées à des taux sensiblement négatifs.

Sur le revers de la médaille, l'inflation se traduit par un accroissement des incertitudes nationales et internationales sur les rapports de prix futurs, par des dérapages aux confins de l'hyperinflation dans certains cas, par un aiguisement du mécontentement de certaines couches sociales, et, pour les pays où l'inflation est traditionnellement importante, par des pressions sur la valeur de la monnaie risquant de déboucher sur une dépréciation non maîtrisée.

## ... à l'inflation refusée

Certains gouvernements firent très tôt de la lutte contre l'inflation une priorité économique. Ainsi la désinflation est précocement engagée en République fédérale d'Allemagne et au Japon, tandis que les pressions sur les prix se maintenaient dans les autres pays européens et aux États-Unis. En 1979, toutefois, les autorités de ce dernier ne purent résister aux pressions de l'opinion et à la pression des détenteurs d'actifs en dollar.

Aussi au mois d'octobre 1979, la Réserve fédérale, puis l'administration changent de cap et expérimentent de nouveaux moyens de lutte. Les politiques de contrôle des prix et des revenus — essentiellement utilisées en Europe — n'ayant pas eu de résultats déterminants, on s'oriente désormais vers un strict contrôle de la liquidité bancaire en abandonnant l'objectif de stabilisation des taux d'intérêt.

Les États-Unis jouant un rôle central dans l'économie internationale, l'ensemble des partenaires durent s'aligner sur cette nouvelle tendance. Avec des moyens différents, tous réussirent à freiner le rythme de hausse des prix (cf. graphique 7) et en 1984 le taux d'inflation des pays de l'OCDE pris dans leur ensemble est sensiblement égal à celui du début des années soixante-dix.

Une analyse des facteurs qui ont produit la désinflation (le change, les salaires et la productivité) peut aider à évaluer si ce mouvement est durable ou non.


## 2. Les facteurs de la désinflation

Deux éléments soutiennent l'analyse : la hausse du prix des matières premières et le mouvement des changes. L'un et l'autre modifient le taux d'inflation par des canaux distincts mais relèvent d'un même schéma d'analyse : l'inflation se transmet par les importations. Dans un premier temps, il y a une hausse automatique qui vient de ce que les entreprises transfèrent la hausse du prix des produits importés sur les produits finaux. Cette hausse des prix peut ne pas se stabiliser si certains groupes sociaux n'acceptent pas de voir baisser leur part relative dans le revenu final. L'effet inflationniste — ou désinflationniste — dépendra donc de la part prise par les produits importés, dans l'ensemble des produits consommés, et des arbitrages qui s'effectuent entre les différents agents de cette économie.

• L'inflation puis la désinflation mondiale ont tout d'abord été alimentées par les amples mouvements de prix de l'énergie et des matières premières. Après le choc de 1979, c'est en quelque sorte à un contre-choc, d'ampleur plus réduite, auquel on a assisté en 1981-1982, puis en 1985-1986 avec la chute des prix des matières premières non énergétiques. A la vague inflationniste a ainsi succédé une vague désinflationniste dont les économies ont toutes bénéficié quoique de manière inégale.

• En second lieu, il faut tenir compte des mouvements de change. En 1981-1983, le dollar s'apprécie, les monnaies du SME connaissent une succession d'ajustements, la livre sterling, qui avait bénéficié des hausses pétrolières est en repli et le yen fluctue. Ces mouvements de change ont affecté les rythmes d'inflation. Tout d'abord, du fait des variations de prix à l'importation ; ensuite, par le jeu des indexations de prix et de salaires ; enfin, par les tensions ou les détentes sur les différents marchés, et par les réactions de politiques économiques face à l'ensemble de ces perturbations. Contrairement aux mouvements des produits de base, les fluctuations de change ont affecté les économies développées de manières opposées.

On estime généralement que la seule hausse du dollar — contre toutes les autres monnaies — explique la réduction de 2,5 points par an de l'inflation américaine. Il apparaît que la désinflation britannique s'appuie sur la hausse de la livre puisque c'est 3,1 % de la réduction de l'inflation anglaise qui s'explique par ce fait, tandis que l'impact du taux de change sur l'inflation japonaise est en moyenne faible, de l'ordre de moins 0,6 %.

En revanche, les mouvements de change ont accru l'inflation en France et en République fédérale d'Allemagne. La hausse du dollar et l'appréciation des monnaies faibles du SME accroissent l'inflation que connaît ce dernier pays d'environ 1,3 %. Pour la France, ces pressions ont été plus étalées dans le temps puisque la hausse du dollar a été initialement compensée par la stabilité de la monnaie. L'ordre de grandeur de l'inflation est toutefois le même : de l'ordre de 1,4 %.

Si l'on s'intéresse maintenant à l'origine interne de l'inflation, deux facteurs essentiels sont à prendre en compte : l'évolution des coûts salariaux et l'évolution de la productivité. L'un et l'autre agissent séparément sur ce qui importe au regard de notre analyse : la stabilisation des prix industriels et la restauration du taux de marge des industries, qui, au début des années quatre-vingts, retrouve son niveau de 1979.

Dans la compétition internationale, les gains que l'on ne peut obtenir par un accroissement de la productivité s'obtiennent en effet par une réduction de la part des salaires.

*L'évolution des salaires*
*dans les principaux pays industrialisés.*

• *Aux États-Unis*, une grande partie des salaires du secteur manufacturier est régie par des conventions collectives dont la durée moyenne est de trois ans. Les augmentations des rémunérations sont de ce fait programmées et les clauses d'indexation ne portent que sur une fraction du salaire. Institutionnellement, les salaires présentent donc une rigidité qui ne se retrouve dans aucun des pays européens ni même au Japon. Autre originalité : le système du *temporary lay-off* qui s'applique aux salariés de l'industrie. Lorsqu'une entreprise doit procéder à des licenciements économiques, elle débauche par ordre croissant d'ancienneté avec garantie de réembauche prioritaire en cas de reprise. L'emploi peut de ce fait s'ajuster beaucoup plus rapidement que dans les autres pays aux variations de la production. En revanche, les salaires y sont moins sensibles qu'ailleurs aux variations de la conjoncture.

• *Le Japon* est l'un des pays qui, du fait de sa dépendance pétrolière, était peu armé pour faire face au choc de 1973. En 1974, il connaît une inflation de plus de dix points supérieure à celle de la France. En 1983, elle lui est inférieure de huit points. Si aucun miracle japonais n'explique ce phénomène, il faut rechercher dans le mode de formation des salaires les raisons de ce contraste.

Les années qui précèdent le premier choc pétrolier avaient été caractérisées par d'importantes augmentations salariales liées à des tensions croissantes sur le marché du travail : la forte croissance nécessitait un rythme de créations d'emplois dans l'industrie et les services que l'exode rural ne suffisait plus à alimenter. En 1973, la flambée des cours des matières premières et de l'énergie est dans un premier temps pleinement répercutée dans les salaires : les augmentations négociées au printemps 1974 atteignent le record historique de 32,9 %.

Aux lendemains du second choc pétrolier, les hausses de salaires négociées sont modérées : 7 % pour 1980, et tout se passe comme si les salariés acceptent de subir *a priori* la dégradation des termes de l'échange. Les marges des entreprises, elles, restent stables. L'ajustement du partage du revenu interne ne se fait pas, comme dans l'ensemble du monde industrialisé, après coup par l'inflation, mais dès avant par une plus grande flexibilité des salaires.

• *La République fédérale d'Allemagne* était le seul pays à avoir connu, après l'absorption des effets du premier choc pétrolier, un taux d'inflation inférieur à celui de la période précédant le choc. Durant plusieurs années, les salariés allemands ont consenti une quasi-stagnation de leur pouvoir d'achat qui s'est traduite par une importante décélération des revenus nominaux.

L'évolution du chômage a certainement pesé sur cette évolution, puisqu'il passe subitement de 3,7 % en 1980 à 7,5 % en 1983, mais le système allemand est surtout remarquable par sa flexibilité. Là encore, on voit que des mécanismes ont été mis en place pour que les salariés supportent les conséquences d'un ralentissement économique. Les heures supplémentaires et les primes représentent une part importante des rémunérations. Il est par ailleurs facile d'obtenir une évolution concertée puisque les négociations salariales qui couvrent la totalité des salariés ont toujours eu un caractère centralisé.

• *En France :* les résultats obtenus par la France en matière de prix, après le deuxième choc pétrolier sont contrastés : il ne s'est pas produit d'accélération durable de l'inflation similaire à celle qui avait suivi le premier choc pétrolier et la hausse des prix sur la période 1981-1983 est sensiblement identique à celle des années antérieures à 1979. L'inflation reste cependant plus élevée qu'elle ne l'est chez nos partenaires. La dépréciation du franc a contribué de façon sensible à cette situation (de l'ordre d'un point et demi par an). La rigidité des tendances inflationnistes internes et le fait que la France n'ait pas connu durant les années 1981-1982 une récession aussi grave que les autres pays européens ou les États-Unis demeurent cependant des causes essentielles. Ce sont précisément ce déphasage conjoncturel et sa manifestation par le déficit extérieur qui ont amené la lutte contre l'inflation au premier plan des objectifs de politique économique.

Le blocage des prix et des salaires au deuxième semestre 1982, qui a accompagné la dévaluation du franc au sein du SME, a provoqué un freinage immédiat des évolutions nominales. Il y a eu, certes, un certain rattrapage des hausses de prix au premier semestre 1983, mais celui-ci est resté limité et la désinflation observée en 1983 s'est confirmée en 1984.

Comme en République fédérale d'Allemagne, la désinflation s'introduit en France grâce au ralentissement des hausses de salaire. L'origine en est cependant différente puisqu'il s'agit en France de la mise en œuvre d'une politique explicite de freinage des rémunérations.

• *Le Royaume-Uni* a connu depuis 1980 un ralentissement des hausses de prix frappant à plus d'un titre. Par son ampleur et sa rapidité tout d'abord : jusqu'en 1983, le rythme d'inflation, par rapport à la période précédente, a diminué de plus de dix points. Mais au contraire de ce qui s'est produit dans les autres grandes économies, en dépit d'un chômage particulièrement élevé, la progression des salaires n'a en rien fléchi. Elle s'est même accélérée.

L'analyse de la période 1979-1983 conduit à mettre en évidence un mécanisme de ralentissement opérant en deux temps. De 1979 à 1980, la très vive appréciation de la livre sterling, sous l'effet conjoint du choc pétrolier et du changement de politique économique intervenu au Royaume-Uni a limité les conséquences inflationnistes du premier choc pétrolier. Malgré une chute de la productivité provoquée par la récession de 1980, les producteurs industriels nationaux ont limité leurs hausses de prix à l'exportation, mais aussi sur le marché intérieur. A partir de 1981, les producteurs nationaux ont pu bénéficier d'une décrue de leurs coûts salariaux unitaires et ils ont donc progressivement reconstitué leurs marges.

C'est ainsi un tout autre schéma de désinflation qui apparaît dans le cas britannique : les salaires réels continuent sur leur lancée, mais les entreprises parviennent à contenir les coûts en réduisant les effectifs. Il en résulte un développement massif du chômage.

### L'évolution de la productivité dans les principaux pays industrialisés

Après cette brève présentation de l'évolution des salaires dans les grandes économies industrielles, voyons maintenant quelle a été l'évolution de la productivité. Nous nous limiterons à l'analyse de la productivité dans l'industrie.

L'affaiblissement des gains de productivité du travail a été l'un des phénomènes marquants des années soixante. Il est général après le premier choc pétrolier et l'ensemble des économies connaît une chute des taux de croissance de la productivité horaire du travail allant de moins quatre points pour le Japon (pays qui connaît les plus forts taux depuis les années soixante) à moins un et demi pour la France, dont les taux de croissance sont d'environ 6,5 % pour les années 1960-1973, d'environ 5 % pour les années 1973-1979, avant d'atteindre 3,75 % en 1979-1983.

Plusieurs explications alternatives de ce fléchissement ont été proposées : ralentissement du progrès technique, vieillissement du stock de capital, épuisement du mode d'organisation du travail et de la production.

On sait toutefois que la hausse de productivité, parce qu'elle allège les tensions sur le partage des revenus, favorise la désinflation. Ce mécanisme a fonctionné au Royaume-Uni à partir de 1981 en permettant aux producteurs de réduire leurs hausses de prix malgré la persistance de hausses du salaire réel.

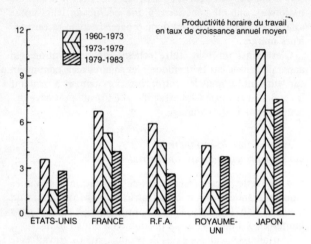

*Source :* US Bureau of Labor Statistics.

### 3. Un bilan

Une conclusion s'impose : les processus de désinflation n'ont pas obéi à un schéma unique. Dès lors, n'y a-t-il pas des « remèdes » plus pertinents que d'autres ? On sait en effet que le ralentissement des prix risque fort d'être éphémère s'il est acquis par l'appréciation des taux de change car celle-ci est éminemment réversible.

Dans les économies où l'emploi est suffisamment flexible, une récession permet d'obtenir un recul de l'inflation parce que le chômage pèse sur les salaires et la sous-utilisation des capacités de production sur les prix.

En revanche, si l'inflation prend sa source dans les conflits de répartition, une récession ne produit qu'un répit temporaire. Faire durablement reculer l'inflation par ce moyen exige alors que l'on accepte un chômage permanent.

TABLEAU XIV. — LES FACTEURS DE LA DÉSINFLATION
DES ANNÉES 1981-1983

| | Ampleur de la désinflation | Facteurs explicatifs | | |
|---|---|---|---|---|
| | | Taux de change | Salaires | Productivité |
| États-Unis | forte | favorable | défavorable puis favorable | favorable |
| France | modérée et tardive | défavorable | favorable | nul |
| République fédérale d'Allemagne | modérée | défavorable | favorable | nul |
| Royaume-Uni | très forte | favorable | nul | favorable |
| Japon | forte et précoce | nul en moyenne | favorable | nul |

Une reprise de la productivité est la promesse d'une désinflation plus durable parce qu'elle allège les tensions sur le partage du revenu. Si nous faisons un bilan, pour évaluer l'inflation que connaîtront les économies industrielles, il faut aussi tenir compte de l'évolution des prix aux États-Unis et au Japon, puisque pour de nombreux secteurs ces prix sont directeurs pour l'économie mondiale. Trois facteurs ont favorisé la désinflation américaine du début 1984. Il y eut l'appréciation du taux de change qui est un facteur réversible ; une inertie des salaires qui devrait se maintenir et la hausse de la productivité qui elle aussi est une contribution durable.

Mais rien ne garantit pour autant que l'inflation soit définitivement freinée et une forte reprise de l'activité n'est certainement pas — de ce point de vue — un événement à espérer, puisqu'elle pourrait conduire à de nouvelles hausses de salaires ayant des effets sur les prix.

Au Japon, au contraire, les mécanismes inflationnistes semblent avoir été brisés pour un temps plus long.

# II / Maîtriser les finances publiques

A l'inverse du « bon père de famille », l'État, parce qu'il est le garant des équilibres économiques et de la croissance, peut s'affranchir des règles de l'équilibre budgétaire et avoir des dépenses supérieures à ses recettes. Ainsi certains économistes considèrent depuis Keynes qu'en situation de sous-emploi, l'effet économique de l'endettement sera positif puisqu'il permettra des dépenses des agents, tant de la part de ceux qui consomment que de ceux qui investissent. Son intervention dans les rouages économiques se fera d'autant plus facilement que l'épargne est abondante, et elle se fera sans risques tant que les agents privés accepteront de détenir des titres de la dette publique. Cette abondance de l'épargne ou sa rareté peut provenir d'habitudes propres aux agents de chaque pays. Ainsi les ménages américains ont — relativement à ceux d'autres pays — une forte propension à s'endetter. Cette abondance d'épargne peut aussi avoir une origine conjoncturelle.

Les gouvernements ont largement usé de ce remède qu'est la politique budgétaire et en période de croissance, alors qu'il y a de l'inflation, la valeur de la dette qu'ils ont contractée peut même diminuer. En 1979, par exemple, aux États-Unis, en France et au Royaume-Uni, l'inflation tournait autour de 10 %. La forte dévalorisation de la dette qui en a résulté a plus que compensé le déficit budgétaire de l'année, si bien que l'endettement public n'a pas augmenté en termes réels.

## LE POIDS DES ADMINISTRATIONS PUBLIQUES
## DE QUELQUES PAYS INDUSTRIALISÉS

*En % du PIB*

|  | *France (1983)* | | | *RFA (1983)* | | |
|---|---|---|---|---|---|---|
|  | État | Adm. locales | Sécurité sociale | État fédéral | États et collec. locales | Sécurité sociale |
| *Dépenses* | 23,3 | 8,6 | 22,9 | 15,8 | 13,6 | 19,0 |
| *Recettes* | 20,1 | 8,1 | 23,3 | 14,0 | 12,4 | 18,9 |
| *Solde* | − 3,2 | − 0,5 | + 0,4 | − 1,8 | − 1,2 | − 0,1 |

*En % du PIB*

|  | *États-Unis (1983)* | | *Japon (1982)* | | |
|---|---|---|---|---|---|
|  | État fédéral | États et adm. locales | Adm. centrale | Adm. locales | Sécurité sociale |
| *Dépenses* | 25,0 | 13,1 | 16,5 | 16,7 | 9,4 |
| *Recettes* | 19,4 | 14,6 | 11,2 | 15,7 | 12,2 |
| *Solde* | − 5,5 | + 1,5 | − 5,3 | − 1,0 | + 2,8 |

*En % du PIB*

|  | *Royaume-Uni (1982)* | |
|---|---|---|
|  | Gouv. central | Autorités locales |
| *Dépenses* | 37,8 | 12,5 |
| *Recettes* | 40,3 | 12,1 |
| *Solde* | − 2,5 | − 0,4 |

*Source :* Comptabilités nationales, OCDE.

## 1. La sévère contrainte des finances publiques

On comprendra aisément que le ralentissement de la croissance ait pour effet d'augmenter le déficit budgétaire : la moindre activité diminue les ressources de l'État tandis qu'elle provoque dans le même temps une augmentation des charges. De même, il est toujours plus facile de créer un transfert que d'établir le nouvel impôt qui lui est associé. Le déficit ne peut donc être illimité même si les gouvernements ont le désir de relancer à court terme l'économie. Il apparaît donc un premier seuil, lié au montant des prélèvements de l'État qui, comme on le voit dans l'encadré, sont considérables. Une deuxième seuil provient des conditions dans lesquelles les autres grands équilibres sont réalisés.

Ainsi au Japon et en République fédérale d'Allemagne, le ralentissement de la croissance, après le premier choc pétrolier, provoqua un excès d'épargne et l'apparition d'un excédent de la balance des paiements. Cela permit une politique budgétaire nettement plus expansionniste qu'en France ou au Royaume-Uni où la fragilité du solde extérieur exigeait une politique plus prudente. Les États-Unis, quant à eux, relancèrent l'activité en 1975 pour revenir très vite à une politique d'équilibre.

L'année 1979 inaugura une nouvelle phase des politiques macroéconomiques. L'échec de la politique de relance concertée, qui avait été décidée au sommet de Bonn en 1978. inclina les gouvernements au scepticisme quant à la possibilité de pratiquer une politique de relance dans un environnement marqué par la faiblesse de la croissance. En conséquence, l'Europe et le Japon ont adopté une stratégie résolument restrictive qui, hélas, du fait de la faiblesse de la croissance, ne fut pas payée d'effets. La part des prélèvements fiscaux dans le PIB continua de s'alourdir.

En 1981, les États-Unis affichaient une volonté identique à celle des Européens. L'exemple de ce pays montre toutefois qu'il n'est pas toujours aisé de réaliser ses objectifs en matière budgétaire.

Le candidat Reagan voulut donner la priorité à la limitation du déficit sur le freinage des salaires, et pour argumenter ses propos sur le désengagement de l'État dans l'économie, il préconisa un retour à l'équilibre budgétaire sous trois ans. Cela s'est concrétisé par une baisse du taux d'imposition des particuliers qui tombe de 11,7 % en 1981 à 10,5 % en 1983, soit une baisse relative de 17 % en trois ans. Pour les sociétés, le raccourcissement de la durée d'amortissement — qui diminue le bénéfice comptable réalisé —, le crédit d'impôt à l'investissement et la baisse du taux d'imposition des bénéfices ont beaucoup allégé la charge fiscale.

Mais les résultats ne furent pas à l'image des intentions initiales et s'il y a bien eu diminution de la pression fiscale et ralentissement des dépenses non militaires, la priorité n'a pas été donnée au rééquilibrage. En effet, le désengagement du côté des dépenses n'a pas été réalisé. De nombreux programmes sont incompressibles et automatiquement reconduits ou indexés. La priorité donné à l'armement lourd a considérablement accru les dépenses militaires, dont la part dans le produit intérieur brut est passée de 5,3 % en 1981 à 6,5 % en 1983. Les effets de la récession et de la désinflation de 1980 à 1982 sont venus s'ajouter à ces composantes défavorables si bien que le déficit de l'État fédéral a atteint le niveau record de 6,1 % du PNB au cours de l'année fiscale 1983 (l'année fiscale 1983 commence à partir du 30 septembre 1982).

*Une contrainte renforcée par la désinflation*

Depuis une dizaine d'années, les déficits publics s'accumulent. La dette de l'État représente aujourd'hui une fraction importante du PIB. Elle atteignait 19,6 % du PIB en France en 1983, 47,9 % au Japon et plus de 70 % en Italie. Depuis quelques années aussi, et c'est le fait nouveau, les taux d'intérêt réels, c'est-à-dire déduction faite de l'inflation, sont en hausse. Cela tient en partie à la réduction du taux de l'inflation et pour une autre partie au changement de la politique monétaire américaine intervenu en 1979.

En conséquence, les États doivent consacrer une part sans cesse croissante au paiement des intérêts de leur dette. En

1982, la charge de la dette représentait 10 % des dépenses publiques allemandes, américaines ou anglaises. Au Japon, elle atteignait 22,7 %. Cette seule montée des intérêts versés explique une bonne part de l'élargissement des déficits. La politique budgétaire a donc vu sa marge de manœuvre se réduire. Les gouvernements sont alors contraints à la réduction des déficits publics. Voyons maintenant dans quelles conditions ils peuvent le faire.

## 2. Épargne et déficits publics

• *Aux États-Unis*, l'épargne interne est traditionnellement faible. Les entreprises s'autofinancent dans une large mesure, mais l'épargne des ménages est particulièrement basse. Le creusement du déficit des administrations publiques, depuis 1981, a donc créé de fortes tensions sur l'équilibre épargne-investissement. L'insuffisance d'épargne pour financer le déficit public a eu pour effet un renchérissement des taux d'intérêt et ce d'autant que, depuis 1979, la politique monétaire a été restrictive (faible rythme de création monétaire). Le recours au financement extérieur a donc été nécessaire malgré la forte progression des profits des entreprises et, puisque la demande de crédit était forte, les taux d'intérêt ont grimpé, ce qui a eu pour effet d'apprécier le dollar. Le déficit commercial ne pouvait plus qu'augmenter. A terme, on ne voit donc pas comment les autorités pourraient se passer d'une réduction du déficit budgétaire.

• *En République fédérale d'Allemagne et surtout au Japon*, la situation est diamétralement opposée. L'épargne dégagée par les ménages est en effet suffisamment importante pour financer le déficit des administrations publiques, celui des entreprises, et, de surcroît, pour réaliser des exportations nettes de capitaux. Les déficits budgétaires élevés viennent donc compenser l'excès d'épargne privée et pallier ainsi la faiblesse de la demande interne en période de croissance ralentie. La réduction des déficits budgétaires aura donc probablement pour effet de ralentir la croissance dans un premier temps puisque l'économie sera privée du soutien de la demande publique. Il s'ensuivra aussi un excédent de la balance courante qui viendra compenser le premier effet.

• *En France*, l'épargne est chroniquement insuffisante, comme aux États-Unis. Mais au contraire des États-Unis qui s'endettent dans leur propre monnaie, la France ne peut prétendre à contourner la difficulté du rééquilibrage du solde extérieur. Si le taux d'épargne des ménages ne s'accroît pas, le creusement du déficit public limitera nécessairement l'accès des entreprises aux capitaux. En l'absence d'un redressement des profits, c'est donc l'investissement des entreprises qui se trouvera pénalisé.

Au total, comment apprécier la marge de manœuvre dont disposent les gouvernements ? Quels enseignements tirer de l'évolution récente et quelle peut être notre vision, aujourd'hui, de la question des déficits budgétaires ?

On sait qu'à court terme le déficit budgétaire doit être apprécié au regard de l'épargne financière interne. S'il est excessif, cela risque d'entraîner un déséquilibre extérieur important ou bien une éviction de la demande privée.

A plus long terme, l'accumulation des déficits — commerciaux ou budgétaires — implique l'endettement. Le déficit ne sera plus maîtrisable, et la part affectée au seul remboursement de la dette connaîtra une expansion considérable. La contrainte portera alors sur le niveau de cette dette.

A moyen terme cependant, la désinflation et la hausse des taux d'intérêt viennent mettre en porte à faux les États, comme les autres agents endettés. Elles leur imposent une réduction des déficits, et les contraignent à alourdir la fiscalité ou à réduire leurs dépenses de telle façon qu'ils payent les intérêts de leur dette.

La hausse générale des taux d'intérêt et la désinflation en cours dans chaque économie se conjuguent pour délimiter plus étroitement l'espace des politiques budgétaires. Cependant subsistent les contraintes propres à chaque économie. Ainsi, le déficit américain fait problème parce qu'il excède de loin les possibilités de l'épargne intérieure. Si la politique budgétaire ne semble pas avoir perdu de son efficacité, les marges de manœuvre ne sont plus aujourd'hui celles d'il y a dix ans.

# III / L'évolution de la protection sociale dans les pays industrialisés

La protection sociale exprime une conception du progrès qui n'a pas été la même partout. Les pays européens, plus engagés dans une certaine forme de socialisation du revenu, doivent tenir compte de la très large adhésion des ménages aux systèmes de sécurité sociale mis en place après la Seconde Guerre mondiale. Ils paraissent avoir moins de latitude que les États-Unis, par exemple, pour jouer la carte de la modernisation économique au détriment de la protection sociale. Ces différences structurelles, qui étaient amorties pendant la période de croissance rapide, deviennent cruciales dès lors que l'économie mondiale est en crise. Il faut en saisir la portée pour comprendre que l'avenir ne va pas automatiquement dans le sens d'une uniformisation des choix collectifs et des institutions.

## 1. L'évolution des dépenses de protection sociale

Les actifs reçoivent deux types de revenu : des revenus directs et des revenus de transferts. Les premiers peuvent être des salaires ou des honoraires et sont la contrepartie d'un travail. Les seconds ne dépendent pas du travail effectué et sont distribués par l'État au titre des droits sociaux. Ces derniers sont nombreux et divers. Il s'agit principalement de la protection-santé, de la protection contre l'insécurité de l'emploi, de l'aide aux familles nombreuses, des pensions de retraite et des garanties de ressources aux jeunes ménages. D'un point de vue macroéconomique, la protection sociale se traduit donc par un flux de revenu distinct de celui qui résulte de la pratique d'un travail rémunéré.

Le financement et la gestion de ces droits se font selon des modalités qui s'inspirent de principes différents. La solidarité financière liant les individus qui vivent dans une même société peut être obligatoire et anonyme. Ainsi chacun finance, par l'impôt ou les cotisations sociales, les dépenses militaires, les dépenses de santé ou de retraite, sans en discuter l'opportunité. Cette solidarité peut aussi être volontaire et active et peut s'établir entre individus qui se connaissent ou qui vivent dans des conditions similaires comme c'est le cas des commerçants souscrivant à une caisse complémentaire de retraite. Ces deux premières catégories sont distinctes des assurances facultatives qui peuvent être contractées à titre individuel et qui sont donc des achats de droits. Un même individu pourra ainsi recevoir une retraite correspondant à ses cotisations obligatoires, à ses cotisations auprès d'un organisme professionnel et à ses cotisations individuelles.

Les systèmes sociaux des nations industrialisées présentent des traits communs et des particularités, un coût et un rendement propres, fonction de l'histoire de chacun des pays. La capacité des nations à aborder les crises qui les secouent et à évoluer sera donc différente d'un pays à l'autre.

*Des réactions contrastées à la crise*

Les dépenses publiques de protection sociale ont augmenté rapidement dans les cinq plus grands pays industrialisés à économie de marché depuis le début des années soixante. Dans les années soixante, les transferts sociaux progressaient aussi vite ou même plus vite en termes réels que le PIB, mais cette augmentation ne paraissait pas inquiétante. Les surplus de productivité étaient assez larges pour la financer sans provoquer de tensions trop fortes sur la progression des revenus directs.

A partir du début des années soixante-dix, au contraire, la progression des revenus indirects a pris le pas sur celle des revenus directs. En France, par exemple, les revenus tirés des prestations sociales représentaient 20 % du revenu disponible des ménages en 1960 et 22,5 % en 1970. Cette proportion atteignait 34,5 % en 1982.

Comme on le voit dans le graphique ci-dessous, le poids des transferts dans le PIB a surtout progressé dans la première moitié des années soixante-dix pour certains pays, dans la seconde moitié pour les autres. Il apparaît aussi que ce sont les pays européens qui ont le plus développé la protection sociale. Fondée à la fin de la guerre, soutenue par des syndicats de salariés, la Sécurité sociale a connu un essor très rapide.

GRAPHIQUE 9. — ÉVOLUTION DE LA PART DES DÉPENSES
DE PROTECTION SOCIALE
DES ADMINISTRATIONS PUBLIQUES [1] DANS LE PIB

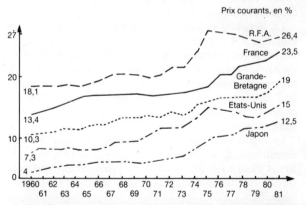

1. Les dépenses sociales des administrations publiques comprennent les dépenses publiques de santé, de sécurité sociale et d'assistance sociale incluant les prestations versées, la consommation de capital, mais non les dépenses de fonctionnement.

*Sources :* OCDE, IRES.

Aux États-Unis, l'impulsion est venue plus tard — à partir du milieu des années soixante — et elle a visé un objectif différent : la lutte contre la pauvreté. Enfin au Japon, l'augmentation du poids des transferts sociaux est plus tardive. Elle provient à la fois de la réduction très importante du rythme de croissance et de la mise en place progressive d'un système public de protection sociale.

Si nous nous intéressons maintenant à la réaction des pays à la crise, on remarque des évolutions très largement divergentes.

Les États-Unis, la République fédérale d'Allemagne et le Royaume-Uni ont freiné fortement la progression des dépenses sociales dès le début des années soixante-dix. Les deux premiers pays sont même arrivés à ralentir les dépenses plus nettement que la croissance. Il convient toutefois de préciser qu'ils bénéficiaient d'atouts favorables.

Les États-Unis doivent à la faiblesse de la contrainte extérieure de n'avoir pratiquement pas ralenti leur croissance dans les années soixante-dix. De plus, ils ont financé par l'endettement le soutien qu'ils ont apporté à la consommation.

La République fédérale d'Allemagne a bénéficié d'une évolution très favorable de l'offre de main-d'œuvre jusqu'au deuxième choc pétrolier (les prélèvements correspondant aux allocations-chômage ont été moins forts qu'ailleurs). Sa bonne spécialisation industrielle lui a permis de tirer parti de l'appréciation de sa monnaie pour faire progresser les revenus réels des ménages sans pertes excessives de compétitivité.

Le Japon a maintenu un rythme très élevé, quoique légèrement ralenti. Ce pays partait toutefois d'un niveau plus bas et l'extension des droits a été systématiquement poursuivie, dans un contexte économique demeuré relativement favorable.

La France est le seul pays à avoir accéléré la progression des dépenses sociales, mais il faut souligner que cela a permis d'éviter une trop forte récession puisqu'il a été ainsi possible de stabiliser la demande.

*Fin de la progression rapide des dépenses*
*de protection sociale*

L'assurance-maladie et les retraites ont constitué depuis deux décennies les pièces maîtresses de la protection sociale dans tous les pays, mais avec une répartition différente des charges d'un pays à l'autre.

TABLEAU XV. — PART DES DÉPENSES DE SANTÉ
ET DES PRESTATIONS VIEILLESSE-INVALIDITÉ
DANS LES DÉPENSES SOCIALES

| | Santé [1] | | Vieillesse-invalidité | | Ensemble des deux fonctions | |
|---|---|---|---|---|---|---|
| | 1960 | 1981 | 1960 | 1981 | 1960 | 1981 |
| États-Unis | 19,3 | 29,0 | 57,7 | 49,5 | 77,0 | 78,5 |
| France | 26,5 | 32,5 | 44,0 | 50,0 | 70,5 | 82,5 |
| République fédérale d'Allemagne | 23,0 | 27,3 | 51,4 | 47,4 | 74,4 | 74,7 |
| Royaume-Uni | 38,7 | 29,3 | 39,5 | 38,8 | 78,2 | 68,1 |
| Japon | 37,1 | 40,1 | 38,5 | 40,2 | 75,6 | 80,3 |

1. Dépenses publiques de santé en espèce et en nature.

*Source :* Comptes nationaux, OCDE.

Les différences que l'on constate reflètent l'inégale pondération des facteurs de progression des dépenses sociales.

*L'effet du vieillissement de la population*

Phénomène général dans tous les pays développés, le vieillissement de la population exerce une influence modérée mais continue sur l'augmentation des prestations sociales et sur les dépenses de santé. L'évolution des sociétés industrielles, caractérisées par la dispersion géographique des membres d'une même famille et par la non-reconnaissance

TABLEAU XVI. — LE VIEILLISSEMENT DE LA POPULATION DES ÉCONOMIES INDUSTRIALISÉES
Taux de vieillissement [1] et taux de dépendance [2]

En %

| | 1950 | | 1970 | | 1980 | | 1990 | | 2000 | | 2010 | | 2020 | |
|---|---|---|---|---|---|---|---|---|---|---|---|---|---|---|
| | 1 | 2 | 1 | 2 | 1 | 2 | 1 | 2 | 1 | 2 | 1 | 2 | 1 | 2 |
| États-Unis | 8,1 | 54,0 | 9,8 | 61,5 | 10,7 | 50,8 | 11,4 | 53,8 | 11,3 | 50,3 | 11,5 | 48,1 | 14,2 | 54,3 |
| France | 11,4 | 51,7 | 12,9 | 60,5 | 13,7 | 56,2 | 13,2 | 49,3 | 14,6 | 50,8 | 14,4 | 48,6 | 17,4 | 55,2 |
| République fédérale d'Allemagne | 9,4 | 48,6 | 13,2 | 57,1 | 15,0 | 50,8 | 14,1 | 42,3 | 15,4 | 47,4 | 18,7 | 52,8 | 19,2 | 56,1 |
| Royaume-Uni | 10,7 | 49,4 | 12,9 | 59,2 | 14,9 | 55,5 | 15,5 | 49,5 | 15,3 | 50,3 | 15,6 | 49,0 | 17,3 | 53,4 |
| Japon | 4,9 | 67,8 | 7,1 | 45,1 | 8,9 | 47,8 | 10,9 | 42,7 | 14,5 | 49,4 | 17,4 | 57,8 | 20,0 | 61,3 |

1. Taux de vieillissement : $\dfrac{\text{Population de 65 ans et plus}}{\text{Population totale}}$

2. Taux de dépendance : $\dfrac{\text{Population de 0 à 14 ans + population de 65 ans et plus}}{\text{Population de 15 à 64 ans}}$

*Source* : Statistiques et prévisions démographiques de l'ONU.

sociale des capacités des personnes âgées, rend ces dernières de plus en plus dépendantes des retraites versées par l'État, des soins médicaux et des services publics destinés à pallier leur manque d'autonomie. En nous fondant sur les prévisions de l'ONU, nous avons calculé, pour chacun des pays des taux de vieillissement et des taux de dépendance qui nous permettent de juger de l'évolution du problème du vieillissement à moyen terme.

Les évolutions présentées dans ce tableau permettent de relativiser certaines perspectives alarmistes. Il apparaît en effet que le problème du vieillissement n'est nulle part immédiat, sauf au Japon. Les États-Unis et l'Europe ont donc le temps d'adapter les priorités et les modalités de la solidarité sociale à cette évolution inéluctable qui ne deviendra préoccupante que vers 2010, voire 2020, lorsque les générations de l'après-guerre arriveront à l'âge de la retraite. D'ici là, l'adaptation sera facilitée par la stabilisation ou l'allégement des taux de dépendance vis-à-vis de la population d'âge actif, du fait de la baisse prononcée de la natalité. La part de la population d'âge actif dans la population totale demeurant stable ou augmentant, le rapport des coûts sociaux par rapport à la production pourrait baisser. Cela laisse le temps d'assimiler le progrès technique et d'atteindre des niveaux de productivité qui faciliteront l'arbitrage entre revenus directs et indirects.

*Abaissement ou flexibilité de l'âge de la retraite ?*

L'assujettissement généralisé aux régimes de retraite a contribué à une diminution sensible du taux d'activité des plus de soixante-cinq ans. Cette diminution a été générale, quoique plus prononcée en Europe. Entre 1960 et 1980, ce taux est passé de 19 % à 12,5 % aux États-Unis, de 14 % à 4,5 % en République fédérale d'Allemagne, de 13 % à 7,7 % au Royaume-Uni, de 20,5 % à 5,5 % en France. Beaucoup plus élevé au Japon, il a néanmoins régressé de 32 % à 26 % entre 1970 et 1980.

Or, tout accroissement des catégories de personnes protégées, toute extension de la couverture individuelle des risques se traduisent par une augmentation des dépenses. Dans la situation actuelle du marché de l'emploi, un retournement de la tendance est à exclure, du moins à court terme et les gouvernements devront donc s'accommoder de la tension financière que fait naître ce problème.

Le fait que le Japon ait à affronter le vieillissement plus tôt que les autres pays développés n'est pas nécessairement un handicap pour lui. Ce peut être au contraire, pour ce pays caractérisé par un sens très aigu des responsabilités collectives et le souci de préserver la cohésion sociale par-dessus tout, un stimulant à l'innovation sociale, elle-même source de progrès technique.

Si le Japon parvient à créer des conditions permettant aux individus de surmonter le découpage rigide de leur cycle de vie, s'il invente des formes nouvelles d'activité et des fournitures de service conservant une utilité sociale aux personnes âgées, il aura pris de l'avance dans la nécessaire adaptation des modes de vie à la structure démographique d'un pays doté d'une haute culture scientifique.

*Amélioration de la couverture vieillesse et maladie*

Concernant les retraites, le taux de remplacement du salaire d'activité par les pensions s'est amélioré grâce à des mécanismes d'indexation plus avantageux. De 1945 à 1980, ce taux est passé de 49 % à 66 % en France, de 29 % à 44 % aux États-Unis, de 23 % à 31 % au Royaume-Uni, de 48 % à 49 % en République fédérale d'Allemagne. Au Japon, il est passé de 29 % à 54 % entre 1969 et 1980.

De son côté, le système de santé a eu tendance à susciter sa propre croissance ; grâce au financement socialisé, une plus large gamme de demandes a pu s'exprimer. L'institution médicale elle-même, par ses avancées techniques et le prestige qu'elle a acquis, a rendu les individus plus attentifs à leur propre santé. Ce qui autrefois aurait été considéré comme un simple désagrément ou traité par d'autres méthodes est devenu souvent un trouble suscitant une demande d'intervention médicale. Il y a eu une diversification de la consommation médicale au profit de la consultation de spécialistes et de professions paramédicales. Enfin, dans certains cas, comme pour les risques de périnatalité, c'est la puissance publique elle-même qui a incité les usagers à recourir à l'intervention plus fréquente des spécialistes. La progression des dépenses globales de santé dans le PIB est une tendance générale sur longue période. Depuis la seconde moitié des années soixante-dix, cette évolution n'a été interrompue qu'en République fédérale d'Allemagne et au Royaume-Uni.

TABLEAU XVII. — PART DES DÉPENSES TOTALES DE SANTÉ
DANS LE PIB
*(En %)*

|  | 1960 | 1965 | 1970 | 1975 | 1980 |
|---|---|---|---|---|---|
| États-Unis | 5,3 | 6,1 | 7,6 | 8,6 | 9,5 |
| France | 4,3 | 5,3 | 6,1 | 7,1 | 8,0 |
| République fédérale d'Allemagne | 4,8 | 4,9 | 5,7 | 8,4 | 8,0 |
| Royaume-Uni | 4,0 | 4,1 | 4,6 | 5,6 | 5,7 |
| Japon | n.d. | 4,5 | 4,6 | 5,7 | 6,2 |
| *Source :* Comptes nationaux, OCDE. | | | | | |

### L'extension du nombre de personnes protégées

L'établissement des systèmes de protection sociale est allé de pair avec la généralisation du salariat. L'urbanisation qui a fait disparaître les solidarités de voisinage et l'autoproduction, la réduction du ménage à sa cellule nucléaire du fait de la mobilité géographique qui a amoindri les solidarités familiales, l'accès enfin des non-salariés à la parité de statut avec les salariés ont provoqué partout une extension progressive des droits sociaux. Il y eut en conséquence une augmentation considérable de la couverture publique des soins. Néanmoins, on relève là encore de fortes disparités au sein des économies dominantes. En 1980, les États-Unis ne couvrent que 42 % des dépenses totales de santé par des dépenses publiques. Ce ratio atteint 76 % en France, 78 % en République fédérale d'Allemagne et 76 % au Japon. Le Royaume-Uni, qui a introduit dès 1948 un service national de santé, a atteint un niveau de couverture très élevé, 91 %, qui correspond probablement à une limite supérieure.

## L'évolution des prix relatifs

Deux facteurs sont à prendre en compte : le pouvoir d'achat des retraites et l'évolution du prix des prestations maladies. Le pouvoir d'achat des retraites a fortement progressé car celles-ci ont été revalorisées à plusieurs reprises dans la plupart des pays et indexées sur les salaires plutôt que sur le coût de la vie. Le pouvoir d'achat des prestations maladies dépend, lui, de l'évolution des taux de remboursement et du prix relatif des dépenses de santé. Sur vingt ans, ce prix relatif a monté de 17 % aux États-Unis et de 22 % en République fédérale d'Allemagne ; mais il a baissé, selon les statistiques de l'OCDE, de 5 % en France et de 14 % au Royaume-Uni. Ces chiffres, sans doute assez approximatifs, sont cependant assez différents pour nuancer l'idée de la cherté des systèmes publics.

## L'avenir : une protection sociale réduite

De cet ensemble de facteurs explicatifs de la progression des dépenses de protection sociale, trois continueront d'échapper totalement au contrôle des pouvoirs publics : le vieillissement de la population, les taux d'activité des plus de soixante-cinq ans, l'évolution des prix relatifs. C'est donc sur l'amélioration des taux de couverture individuelle et l'extension du nombre des personnes protégées que porteront dans l'avenir les choix de politique sociale. De ce double point de vue, l'Europe, d'une part, les États-Unis et le Japon, d'autre part, se présentent dans des positions sensiblement différentes.

En Europe, où la protection sociale est large, c'est le problème du degré de couverture individuelle qui sera central. Concrètement, cela signifie que les gouvernements risquent de généraliser les mesures du type de celles qui ont été prises en France avec l'instauration d'un forfait hospitalier, ou bien encore avec la majoration du ticket modérateur — mesure qui revient à faire payer aux ménages une partie plus large des frais de santé. (La République fédérale d'Allemagne et le Royaume-Uni ont eux aussi procédé au relèvement du ticket modérateur.)

Aux États-Unis et au Japon, au contraire, c'est l'extension du système qui pèsera le plus sur l'évolution des dépenses. C'est donc des mesures visant à limiter cette extension qui seront prises et l'on notera que le gouvernement japonais a d'ores et déjà supprimé la gratuité des soins médicaux pour les personnes de plus de soixante-dix ans.

C'est la conception même de la protection sociale qui, plus que jamais, sera en jeu au cours de la prochaine décennie.

## 2. Les différentes conceptions de la protection sociale

Les conceptions de la solidarité relèvent dans leur principe de deux oppositions, une opposition entre assurance et assistance, et une opposition entre solidarité professionnelle et solidarité nationale.

Dans les systèmes « d'assurance », chacun est susceptible de donner et de recevoir tour à tour. Dans les systèmes « d'assistance », la collectivité apporte son aide à des minorités dépourvues de ressources au nom de la solidarité. Sans doute l'assurance prend-elle en compte le principe de solidarité, puisque la cotisation n'est pas déterminée en fonction de la probabilité que survienne l'événement contre lequel on s'assure, mais en fonction du revenu. Cependant, elle maintient un lien entre le coût individuel de la protection et la protection elle-même. De ce fait, elle aide à justifier — et à admettre — l'alourdissement des contributions. L'assistance rend ce lien plus ténu : elle fait appel à la responsabilité collective pour refuser l'exclusion de catégories sociales, mais d'un autre côté, elle rend moins clairs les effets de la redistribution. Cette opacité — cet « anonymat » — peut heurter les « contributeurs ». Aussi les systèmes fondés sur l'assistance dépendent-ils étroitement du climat politique.

La solidarité professionnelle stipule que les droits acquis par les individus proviennent de leur travail ; elle garde une attache, aussi lâche soit-elle, avec l'activité. Son financement prend la forme de cotisations proportionnelles au revenu, intégralement ou sous la contrainte de plafonds. La solidarité professionnelle la plus large est le régime unique de tous les salariés, dont le régime français se rapproche. La solidarité nationale englobe tous les citoyens en dehors de toute référence à l'activité. Elle est une socialisation du revenu, et, par conséquent, elle est considérée comme un impôt.

Les retraites relèvent généralement de la solidarité professionnelle, ce que confirme la prolifération des régimes complémentaires. Les prestations couvrant des risques non liés au travail ressortissent plutôt de la solidarité nationale ou de l'assistance.

Bien entendu, les systèmes de protection sociale en vigueur combinent les critères définis ci-dessus. Cependant, il existe dans chaque système national un principe dominant qui donne sa tonalité à l'ensemble.

*Le Royaume-Uni* a fait dès le début le choix clair d'une solidarité nationale. Les risques sociaux y sont considérés comme indivisibles ; la socialisation du revenu y est dépouillée de justifications professionnelles ; un service de santé et une assurance nationale en sont les piliers.

*Les systèmes français et allemand* ont conservé, au contraire, le principe dominant de la solidarité professionnelle et ils sont devenus plus complexes au fur et à mesure de la diversification des risques couverts et de l'élargissement des catégories de personnes protégées.

*Les États-Unis et le Japon* sont demeurés fidèles au dualisme entre la solidarité catégorielle et l'assistance. C'est aux États-Unis surtout que le système public de sécurité sociale est le plus limité, tant pour les risques couverts que pour le nombre de bénéficiaires. Les prestations servies demeurent faibles, ce qui incite à rechercher des régimes complémentaires privés pour les retraites et des assurances privées pour la santé.

Tableau XVIII. — Logiques dominantes des systèmes
de protection sociale

| | Sécurité sociale | | | Assistance |
| | Solidarité professionnelle | | Solidarité nationale | |
| | Système général | Système catégoriel | | |
|---|---|---|---|---|
| États-Unis | × [1] | × × × | | × × |
| France | × × × | × | | × |
| République fédérale d'Allemagne | × × × | × | | × |
| Royaume-Uni | | × × | × × × | × |
| Japon | × × | × × | | × × |

1. Le nombre de croix indique l'importance relative de chaque caractéristique ; ce tableau récapitulatif a été réalisé par l'IRES.

## Coût et efficacité de la protection sociale

Mesurer l'efficacité des systèmes de protection sociale est on ne peut plus délicat. Comptabiliser des dépenses n'a qu'un sens limité si ces dépenses ne répondent pas à l'attente des populations visées. Pour avoir une idée approximative de la situation des pays qui font l'objet de notre étude, nous avons rapporté les coûts à quelques indicateurs significatifs de la situation médicale.

*Aux États-Unis* où les dépenses sont financées à parts égales par l'assurance privée, l'aide publique et les patients, on assiste à une forte croissance des coûts. Ce phénomène est lié en grande partie à l'emploi de techniques onéreuses et à « l'indexation » des revenus des médecins sur le montant des actes qu'ils effectuent.

*Au Royaume-Uni*, le service national de santé a permis un contrôle remarquable des coûts. Ce système a en effet permis l'instauration d'un plafond annuel global pour les dépenses de santé, inconcevable ailleurs. Mais on a créé ainsi une sorte de « rationnement » dont le résultat final est contraire à l'objectif d'égalité devant la maladie.

TABLEAU XIX. — COÛTS ET PERFORMANCES
DES SYSTÈMES DE SANTÉ EN 1983

| | Dépenses par habitant ($) | Nombre de médecins pour 1 000 habitants | Espérance de vie à la naissance | Mortalité infantile par 1 000 naissances | Morts par affections cardiaques pour 1 000 habitants |
|---|---|---|---|---|---|
| États-Unis | 1 500 | 192 | 75 | 12 | 435 |
| France | 800 | 172 | 76 | 10 | 380 |
| Rép. féd. d'Allemagne | 900 | 222 | 73 | 13 | 584 |
| Royaume-Uni | 400 | 154 | 74 | 12 | 579 |
| Japon | 500 | 128 | 77 | 7 | 266 |

*Source : The Economist*, 28 avril 1984.

*Les systèmes japonais, allemand, français* se situent, du point de vue des coûts, dans une position intermédiaire. Le Japon est le pays pour lequel les « indicateurs de performance » sont tous les meilleurs, alors même que les « indicateurs de coût » se situent à un niveau relativement bas. L'explication de ce phénomène est à chercher dans les analyses qualitatives des conditions de vie de ce pays ainsi que dans certaines conditions structurelles du système de santé. Ainsi le Japon met-il l'accent sur la médecine préventive plutôt que sur les techniques les plus lourdes et les plus sophistiquées, sur un personnel infirmier relativement peu qualifié mais réalisant des soins quotidiens à domicile plutôt que sur un grand nombre de médecins spécialisés, sur l'hygiène quotidienne et l'alimentation plutôt que sur une forte consommation de médicaments.

### L'avenir de la protection sociale

La croissance tendancielle des dépenses, le ralentissement de l'activité, l'aggravation de l'insécurité économique, l'insuffisance des gains de productivité ont posé à la protection sociale des problèmes financiers difficiles à maîtriser et conduit à des évolutions paradoxales.

Ainsi aux États-Unis, la révolte fiscale des contribuables contre les assistés dont a bénéficié le président Reagan en 1980, les incitations à développer les assurances privées ont fait baisser les dépenses publiques de santé, mais ont favorisé une explosion des coûts privés, de telle sorte que les États-Unis sont le seul pays où l'augmentation de la part des dépenses totales dans le PIB n'a enregistré aucun ralentissement.

Dans la solidarité professionnelle à la française, où l'opacité de la gestion des transferts permet aux usagers d'exercer leurs droits sans se soucier de l'équilibre financier du système, les oppositions se sont plutôt portées sur les relations entre les assurés sociaux et les entreprises. Encore faut-il préciser qu'elles concernent davantage les modalités de financement que les prestations qui ne sont pas ouvertement remises en cause.

Au total, il est fort peu probable qu'on assiste à un démantèlement de l'État-providence : les systèmes de protection sociale peuvent difficilement être réformés. Ils expriment de véritables contrats sociaux, appuyés sur des compromis institutionnalisés. Ils sont un pilier de l'ordre politique occidental et un dispositif essentiel de stabilité économique. Pour un très grand nombre de ménages, notamment les personnes âgées, les prestations sociales sont plus qu'un complément de revenus. Cette dépendance, contrepartie de la modification des modes de vie, est irréversible. Aussi les modalités de la protection sociale ne peuvent-elles être transformées que très progressivement.

Les modifications porteront donc sur les dépenses de santé, sur lesquelles on peut agir, notamment en faisant davantage appel aux assurés. C'est ainsi que les retraités allemands cotisent désormais à l'assurance-maladie, que les retraites américaines sont soumises à l'impôt, de même qu'en France on envisage d'élargir l'assiette des cotisations.

# Conclusion

Aucune des grandes nations industrielles — les États-Unis, le Japon, la République fédérale d'Allemagne, la France, le Royaume-Uni et l'Italie —, que nous avons brièvement présentées dans cet ouvrage, ne peut conduire sa politique économique indépendamment des politiques conduites dans les autres pays. Ce constat que la France a voulu ignorer en 1981 s'impose aujourd'hui d'évidence. Pour que nous l'apprenions il a toutefois fallu passer par les 100 milliards de déficit de l'année 1982. La France avait décidé d'une relance à un moment inopportun et cette relance a essentiellement profité à nos partenaires. Faut-il pour autant condamner toute relance ? Tout dépend.

Car à peine a-t-on dressé le profil de l'économie mondiale, à peine l'encre est-elle sèche qu'il faut déjà revoir la copie. Si nous devons parler aujourd'hui de l'économie mondiale, il faut tenir compte de deux faits nouveaux : le cours du dollar et le prix du pétrole ont en effet considérablement baissé au cours de l'année 1986.

• *La baisse du coût du pétrole* a plusieurs effets. Dans la presse d'ailleurs, cette baisse, amplifiée par la baisse du cours du dollar, fut diversement ressentie et elle donna lieu à autant de commentaires optimistes que pessimistes.

Elle met en effet en péril les industries qui vivent du pétrole directement — c'est le cas de la recherche pétrolière — ou indirectement. Les revenus pétroliers étant plus faibles aujourd'hui qu'hier, il sera difficile d'exporter vers les pays pour lesquels les exportations de pétrole sont une ressource substantielle.

Mais cette baisse permet aussi de soutenir la croissance économique. Si les chocs pétroliers réduisent le pouvoir d'achat, le contre-choc auquel nous assistons actuellement a un effet strictement inverse. L'augmentation du pouvoir d'achat des ménages a pour effet direct d'augmenter la consommation.

Comme les gouvernements doivent accompagner le mouvement de désinflation qu'impulse la baisse du prix du pétrole, le coût du crédit se trouve notablement réduit, ce qui bénéficie à l'économie tout entière.

La baisse du prix du pétrole aura un effet globalement positif pour l'ensemble des nations industrialisées, ne serait-ce que parce qu'elle permet aux gouvernements d'adopter des politiques un peu moins rigoureuses. Ce fait est généralement admis de tous les observateurs de l'économie mondiale, même si certains redoutent les excès d'optimisme que peut produire un tel phénomène.

• *La baisse du cours du dollar* est le second fait important de l'année 1986. Mais cette baisse est diversement supportée par les économies industrialisées.

Aux États-Unis, même si le problème du déficit commercial n'est pas réglé, on enregistre une relance de la croissance.

Pour les autres pays industrialisés, cette baisse est pénalisatrice puisqu'elle limite les possibilités d'exportation. On sait en effet que plus le dollar est cher, plus il est aisé pour les partenaires des Américains d'exporter outre-Atlantique. La conjoncture économique va donc dépendre, demain plus qu'hier, de l'évolution de la demande intérieure. Deux cas de figure peuvent se présenter.

La désinflation, la politique fiscale orientée à la baisse — c'est le cas dans la plupart des pays industrialisés —, la reprise de l'investissement — variable selon les pays — auront comme effet de relancer la demande interne et la croissance.

En revanche, un pays comme le Japon doit en peu de temps réaliser une nouvelle adaptation spectaculaire pour faire face au retournement de la conjoncture internationale. Nous avons vu en effet qu'une caractéristique de ce pays est la faiblesse de la demande interne. Pour maintenir ses revenus, le Japon devra demain apprendre à consommer les produits qu'il fabrique, ce qui l'oblige à adopter une stratégie encore inédite pour ce pays.

# Bibliographie

**Une sélection thématique, sur la base des sources documentaires.**

• *Pour une analyse à dominante économique : le Centre d'études prospectives et d'informations internationales (CEPII).*

Ce cinquante-deuxième ouvrage de la collection Repères est une synthèse des deux rapports publiés par le CEPII aux éditions Économica en 1983 et 1984. On pourra les lire avec intérêt pour approfondir la connaissance des méthodes expérimentées par le CEPII.

— Rapport du CEPII, *Économie mondiale : la montée des tensions*, Économica, Paris, 1983.

— Rapport du CEPII, *Économie mondiale : 1980-1990 : la fracture ?*, Économica, Paris, 1984.

Ce centre qui est placé auprès du commissariat général du Plan a pour mission de rassembler des informations et d'effectuer des études prospectives sur l'économie mondiale, les échanges internationaux et les économies étrangères. Il publie également une revue et une lettre qui sont des sources d'information spécialisée.

— Revue du CEPII, *Économie prospective internationale*, Édition La Documentation française, Paris. 4 numéros par an.

— *La Lettre du CEPII*, Paris. 8 numéros par an.

• *Pour une analyse davantage géopolitique : l'Institut français des relations internationales.* L'IFRI publie des collections de livres spécialisés, une revue, *Politique étrangère*, mais également un *Rapport annuel mondial sur le système économique et les stratégies*, dit *rapport RAMSES*. On trouvera chaque année dans cet ouvrage une représentation originale des principaux faits économiques et politiques internationaux.

— IFRI, *Rapport RAMSES*, Éditions Atlas-Économica, Paris.

• *Pour mettre à jour ses connaissances sur chacun des pays : l'Organisation de coopération et de développement économique.* L'OCDE est l'auteur d'innombrables ouvrages, tant statistiques que théoriques, ayant trait à l'économie internationale. On retiendra dans cette sélection les études annuelles par pays qui présentent l'évolution économique de chacun des partenaires de l'OCDE.

— OCDE, *Études par pays*, OCDE, Paris.

• *Pour étudier les questions financières internationales : la Banque mondiale* plus justement dénommée par son appellation officielle : Banque internationale pour la reconstruction et le développement (BIRD). Elle publie elle aussi chaque année un rapport. Elle le diffuse gratuitement à son siège, avenue d'Iéna à Paris. C'est une source fondamentale d'information pour mener des recherches sur la dette internationale.

— Banque mondiale, *Rapport annuel*, BIRD, Paris.

### Les éditions courantes

Les maisons d'édition publiant des ouvrages d'économie ont toutes des livres ou des séries de livres permettant d'approfondir tel ou tel champ d'analyse concernant l'économie internationale. On pourra consulter utilement quelques-uns des titres figurant ci-dessous.

— CICUREL M., KLEIN J., MICHALET C.A., RACHLINE F., STOFFAËS C., *Une économie mondiale*, Hachette, collection « Pluriel », Paris, 1985. Ouvrage à vocation pédagogique rédigé par une pléiade de spécialistes qui évaluent les chances de la France dans la compétition internationale.

— MARCY G., *Économie internationale*, Presses universitaires de France, collection « Thémis », Paris. Le manuel qu'il est indispensable d'avoir sous la main lorsque l'on se retrouve pour la première fois devant une balance des paiements. Il ouvre les portes de l'analyse.

— BAROU Y., KEIZER B., *Les Grandes Économies*, Le Seuil, Paris, 1984. Pour une grille de lecture à triple entrée : monographie par pays, synthèse sur les enjeux de la crise et les stratégies, dossier statistique harmonisé et commenté.

— ARNAUD P., *La Dette du tiers monde*, Éditions La Découverte, collection « Repères », Paris, 1988, pour la dernière mise à jour.

— ANDREFF W., *Les Multinationales*, coll. « Repères », 1987.

— RAINELLI M., *Le Commerce international*, coll. « Repères », 1989 (2e édition).

— GIRAUD P.-N., *L'Économie mondiale des matières premières*, coll. « Repères », 1989.

# Table

### TROISIÈME PARTIE :
### DES POLITIQUES ÉCONOMIQUES CONTRAINTES

Composition Facompo, Lisieux
Achevé d'imprimer en juillet 1989
sur les presses de l'imprimerie Hérissey
Dépôt légal : juillet 1989
Numéro d'imprimeur : 48771
Deuxième tirage : 8 000 à 12 000 exemplaires
ISBN 2-7071-1659-9